世界の食に学ぶ

国際化の比較食文化論

河合 利光 編著

時潮社

◎執筆者◎

河合　利光（編者　第１章）
奥野　克己（第２章１）
松尾　瑞穂（第２章２）
河合　洋尚（第２章３）
吉本　康子（第２章４）
石田慎一郎（第３章１）
小林　　誠（第３章２）
宇田川妙子（第３章３）

執筆者自身の担当する章節に掲載の写真は撮影者名を省略した。

はじめに

現在、食は世界的に大きな問題になりつつある。今、地球人口の一〇億人が過食なのに対し、二〇億人が飢えているという試算もある。その地球人口も増え続け、二〇世紀の初頭に二〇億人から三〇億人であった人口が、二〇一一年には七〇億人になった。また、二〇一〇年六月以降、世界の最貧困層が急激に増加したという。その理由が、人口増加だけでなく、自然災害、グローバル化による新興国の食糧の需要拡大、投機による世界的な食糧品の高騰にあることはいうまでもない。中近東やインドなど、世界で起こった政変や大規模なデモも、それと無関係ではない。

この状況は、農業や政治経済、あるいは科学技術だけの問題ではない。それがグローバル化と市場化と経済的・社会的な不均衡が進んだ結果でもあることから考えると、地球上のそれぞれの地域に住む人間と社会文化の問題でもある。それは、世界の各地で暮らしてきた人びとが、外界との相互作用と交流の結果、それぞれの流儀で新たな生き方を求めて生存し、各地域文化に適した食文化の創造を模索しなければならない（時には生存さえ困難な状態になる）過程でもあるからである。

二〇一一年三月の東日本大震災は記憶に新しいが、人の命とそれを支える水・食料・ガス・電気などのライフライン、とりわけ衣食住がいかに大切であるかを、あらためて実感させてくれた。それは文化が、暮らしを豊かで快適にするだけのものではなく、自らの生存と危機的状況を克服するための手段でもあることを、あらためて教えてくれる。人は初期の人類から今まで、文化を通して暮らしの変化に適応し、緊急な状況に対処してきたのである。

本書は、グローバル化・国際化・世界化（ほぼ同義の意味で使用）の進む現代世界のなかで、それぞれの地域に住む人びとがどのように生きているかを、「食」を通して考える。世界の食の問題は、間接的であれ、世界の食と日本人がどのように関わり、そこから何を学ぶかという問題でもある。

本書では全体を三章に分け、第一章を編者が概説的に執筆し、残りの二つの章は、その内容をさらに深めるため、各執筆者の調査地での経験と知見を踏まえながら、調査地から見た世界を具体的に報告してもらった。また、全体として、社会人、一般学生など、この分野に関心のある初学者のための入門書・一般書にもなるよう、広い視野から平易に紹介するよう配慮した。

比較食文化論関連の科目が大学・短大で教えられる機会は、着実に増えている。本書がこの分野の進展に少しでも寄与することがあれば幸いである。

編　者

世界の食に学ぶ——国際化の比較食文化論

目次

第2章 世界の食を学ぶ4つの視点——交流と創造——

装幀 比賀祐介

第 1 章

食文化に学ぶ

河合 利光

1 食を通して他文化を学ぶ

1 食と文化

食文化といえば、食材、料理、調理法、食習慣などの狭い範囲に限定されがちであるが、現実には、はるかに根の深い拡がりのある問題である。これについては後に述べるが、とりあえず、人間の想像力により創造され伝承されてきた食をめぐる価値観や社会システムと考えておけば、ほぼ間違いない。

こうした文化は、もちろん社会的な状況とか人間関係の脈絡のなかでさまざまな意味をもつこともあるが、特定の人間集団により共有され、ほとんど本能に近いとまで無意識的に感じられるほど身体化されていることが多い。たとえば、スイカに何をつけて食べるかと聞けば、ほとんどの日本人は「塩」と答えるだろう。ところが、勤務先の大学の中国人留学生に同じ質問をしたところ、「砂糖」ないし「蜂蜜」と答えた。「塩なんてつけたら食べられない」と彼女たちは言う。考えてみれば、スイカの甘さを補強するのであれば、砂糖や蜂蜜のほうが適している。しかし、そのような食べ方にたとえ納得できたとしても、今までの食べ方を変更しようと考える日本人は少ないだろう。

これは小さな差にすぎないが、そのような好みや嗜好の微妙な差の累積が、異文化への無意識的な違和感を生じさせるともいえる。人間のマナーや行動も同じことである。私たちは、家庭や学校で教えられ、生活のなかで経験的に学んで文化を身につけている。テーブル・マナーもその一つである。たいていの日本人は西洋式マナーなら多少とも心得があるし、その一部を自身の生活にも取り込んでいるから、それほど違和感はないと思うが、以下のような食事風景を見たとしたら、どのような感想をもつだろうか。

ミクロネシアのチューク（トラック）諸島の人びとは、伝統的にパンの実と根栽農耕を中心とした文化を営んできた。洋風化されてはきたが、今でも、広げたタロ芋の葉の上にパンの実、芋、魚などの食物を置いて、それを囲んで座った人びとが片膝を立てたり、あぐらをかいたりしながら、体を丸めて手づかみで食べている食事の様子も目にする。もしそれが文明化されていない人びとの不潔で行儀の悪い食べ方のように見えるとしたら、そ

写真1　夫婦以外の男女は別々に食べる（ミクロネシア連邦チューク州）。食物を手でつかむ5本の指には、家族・一族の協力の意味がある

写真2　チュークの母系一族。中央の儀礼的木鉢は女性を、食物を入れて支える台は男性を表し、男女と一族の中心性と団結力を象徴している

れは自身の信念の基準に反するからだと考えてよい。現地の人びとの考えに従えば、食物を手でつかむ三本の指は人間関係の協力を表し、片膝を立てて身体を丸めるのは相手を攻撃するのが困難な姿勢を意味するから、共食している人びとへの敬意を表現している。また、人びとが取り囲む内側のタロ芋の葉の上の食物は、食事を通して結ばれる愛の心を象徴している。共食は愛を交歓する男女の行為にも似ているから、人目に触れる場での食事は同性だけですべきである。私たちには不作法にも見えるこのような食事作法にも、人間関係、男女観、共食による心の交流などの意味があり、彼らの価値観を伝える「しつけ」の一部にもなっていることがわかる。

この些細な例からもわかるように、私たちが見慣れていればそれほど抵抗感はないが、見慣れないものに対しては、違和感や嫌悪感をもつことが多い。今まで経験したことのない世界での食と文化全般についても同様のことがいえる。したがって、異なる社会の食を見たり体験したりすることは、異なる文化を学ぶのに重要な視点を提供してくれるだろう。

また、食は人間の生存に欠かせない行為であるから、各地の地域社会の環境に適応してきた人びとの心身と社会文化全体に深く根ざす問題でもある。快適に食べることは、ある種の美学や芸術にも属する問題でもある。そのため、食材の生産（狩猟採集、農業、漁業、林業、食材加工場など）、分配と流通、社会規範、価値観、宗教、政治的・経済的状況、生態環境その他、生活と社会文化全体を含めて総合的に考えるべきものである。逆にいえば、食に関わるテーマを追求するということは、社会文化を全体論的に捉えることでもある。さらには、世界の食を学ぶということは、同時代人としての世界の人びとの生き方への理解を深め、私たち日本人とのつながりを考えることでもある。

以下では、人間の「食と健康」に関わる問題を中心に、世界の多様な食を通して学ぶ意義をいくつか紹介する。そこから、人間の食行動と食文化が、生理学的・医学的・栄養学的な生身の身体に関わるテーマであるとともに、人間社会の生存、生命観、価値観全体にまたがる、いわば自然（biology）と文化（culture）の接する領域のテーマでもあることを明確にしておきたい。

2 清潔・不潔の相対性

さて、先にあげたミクロネシアの人びとの手食は、私たちには不潔な行儀作法に見えるが、手食を嫌う日本人も、パンやおにぎりや寿司なら、手で持って食べても不潔と感じない。地球上の人口の約四〇％の人が手食を基本としているし、ヨーロッパでも数百年前までは、手で食物を直接、つかんで食べるのが常識であった。インド人も手食をするが、左手がトイレで使う不浄の手なので食事の際に右手を使うことは、よく知られているので驚かないだろう。しかし、彼らが、牛の糞を塗った壁や床に囲まれた家の中で食事をとり、それを不潔と考えるどころか、牛糞には殺菌作用があるので清潔と考えているとしたらどうだろうか。要するに、清潔・不潔の観念は、時代や状況によっても変わりうるものなのである。

それでは、日本人の清潔観は当然で絶対的に優れていると言えるだろうか。筆者は中国の広州を、何度か訪問したことがある。かつて、そこの自由市場では、客の目の前で羽をむしられた鶏が並べられたり、解体された多くの豚肉の塊が隙間のないほど上から吊り下げられたりしているのを見た（ただしＳＡＲＳ＝新型肺炎＝の流行以後、大きく変化した。本章扉ページの下段右の写真参照。左の写真は蛇）。これは、他の東南アジア地域でも、それほど珍しくない光景である。ところが、日本では肉は見た目に綺麗に並べられて売られるのがふつうである。

これは日本人が見た目の美しさを尊ぶ伝統をもつからだという説明もできるが、別の見方をすれば、血を穢《けがれ》、ないし不浄として忌む伝統に由来すると考えることもできる[1]。かつては、月経も死も出産の血も、穢と見なされた。そのため生理中の女性や出産する女性が、離れた場所にある特別の小屋に籠もり、穢の感染を防ぐため、別火別竈《かまど》で料理された食物を食べる風習は、かつては日本の各地に見られた。

清潔感や不浄観が社会的・文化的な存在であることは、鼠《ネズミ》食によく示されている。一般に鼠は不潔な動物とされるから、それを食べるということには生理的嫌悪を伴う。しかし、中国の福建料理や南米アンデス高地の先住民の食のなかには、メニューの一つとして存在する。上原善広は、著書『被差別民の食卓』(2) のなかで、ブルガリアに住むロマ人（ジプシー）のハリネズミ料理を報告している。漂泊の民ロマ人は、ヨーロッパではよそ者扱いをされてきたため外部の人間を信用しなかった。食事に関しても、ロマ人以外の外部の人間のつくった料理はすべて穢れているとされた。全身を針で覆ったハリネズミは、外敵だけでなく外部の穢を内に取り込まない、彼らの信念に合致する清潔な動物と見なされた。その信念と料理の伝統は近代化とともに薄れてきたというが、その料理は、食の浄・不浄観が社会的に生成された事例として読むことができる。

食は外部の物質を体内に取り込む行為であるから、食の問題には、絶えずそうした地域・民族に固有の歴史や社会に結びつく、健康観（健康信仰）や浄・不浄観が入り込む。

3　食とアニマル・カテゴリー

(1) 犬肉食は残酷か──嗜好の多様性

清潔・不潔の感覚が相対的なものであることは、犬肉についてもいえる。たとえば、ラオスとの国境地帯に住む北部タイの人びとは、犬は、糞を食べるし人前でも平気で愛の交歓をする、近親相姦的で不潔な動物と見なして食べることはないという報告がある。他方、太平洋地域では犬を食用にすることはよくあり、時には首長に献上されるご馳走とされる。中国でも子犬肉のハムさえあることが知られている。また、韓国でも特別に飼育された犬が食べられることは、よく知られている。(3)

日本でも、かつては犬肉（特に赤肉）を食べたという。筆者は、小学生の頃、赤犬ではないが、一匹の白い犬を飼っていた。真冬のある日、一人の子どもがやってきて、その犬が誰かに食べられたと告げてくれた。その犬は、竹藪の中の焚き火の跡で、無惨にも骨と皮だけになっていた。時が移り、大学院生になって初めてミクロネシアを訪れたときのこと。ここでも、筆者になついていた一匹の可愛い犬が、村の若者によって、目の前で石蒸し料理（穴の中の焼いた石でタロ芋の葉の上に置いた食材を蒸す料理で、現地ではウムと呼ばれる）にされそうになった。その時は、ちょうど雨が降ってきて犬は救われたのであるが、帰国後、村人に料理して食べられたという手紙を現地から受け取った。この話を母にしたところ、「よっぽど食べるものがないんだな」と感想を述べていたが、決してそういうわけではない。特定の動物を可食とするか不可食とするかは、ちょうど鯨肉に関する国家間の価値観が違うように、考え方の相違によるものである。

犬肉を不浄と見る文化もあればご馳走と見る文化もあるように、犬肉を食べるのが残酷であるか否かも、考え方の違いにより異なる。犬を殺すのは残酷だと感じたのは、筆者が犬はペットと信じていたことによる。しかし現地の人になぜ食べるかと聞くと、「豚や牛は食べるのに犬はなぜいけないんだ。同じ動物なのに」と問い返された。彼らにとって、それは豚と同様の家畜なのである。アニマル・カテゴリーの違いといってもよいだろう。しかし、理屈ではわかっていても、犬が殺されるのを見るのは、やはり心が痛む。

現在、日本のイルカ漁や捕鯨も、国際的な政治的争点となっているが、同様の問題をはらむ問題といえるだろう（コラム3・75頁参照）。

（2）食べることは殺すことか

ところで、しばしば新聞で、教諭が「飼育した鶏の肉でカレーを作って食べる授業」を計画したが、その様子を見せるのは残酷だとして、町の教育長が中止させたとか、ある大学の教育学部で、鶏を解体し料理して食べる実習を通して「食べることは殺すこと」でもあるという現実を実感させる教育を行なっているというような報道を目にする。どれほど実際に行なわれているかはわからないが、現在も全国各地の学校や市町村で実施されているようである。

この記事から思い出したのは、私がかつて生命観と産育文化の研究のためたびたび訪れたことのある、フィリピン共和国のミンダナオ島の中央部に住むブキドノン州の人びとのことである。この高原を訪問したとき、豚や鶏などの動物を人前で殺して料理する光景が、むしろ日常的に見られた[4]。

とりわけ儀礼的に重要な鶏は、妊娠、出産、結婚、葬式のような人生儀礼、作物の豊饒儀礼、悪霊祓い、災禍予防、紛争の調停など、あらゆる機会に使われる。祈禱師は鶏の首を切り、精霊に捧げて祈りを終えると、その肉を大きなドラム缶で水炊きする。肉は、その場に居合わせた人びとに振る舞われるので、ふだん貧しい暮らしをしている人びとにとっては、ご馳走の機会ともなる心豊かな瞬間である。塩味だけであるが、ライスといっしょに食べるその味は、とても美味しいものだ。小学校の前の畑で行なうこともあったが、そのときには、授業そっちのけで、先生も生徒も窓から覗いたり、わざわざ見に来たりする人もいた。

この地域と日本の学校の実習との違いの一つは、それを専門家が儀礼的に行なうことである。興味深いことに、儀礼の専門家である祈禱師は、動物を精霊に捧げて精霊が人間を病気にするのを防いだり、老人の寿命を長くしたりするために、人間と動物の命の駆け引きをする。もう一つの日本の学校での実習との違いは、自ら飼育した鶏でなく、野生の鶏、つまり自身の育てた鶏ではない鶏を使うほうが効果的と考えられていることである（現在では鶏は町で買うことが多い)。

他方、よく知られているように、ニューギニアの多くの地方では、豚は女性が(時には添い寝までして)大切に育てるが、自身で育てた豚はほかの集団に与えて、代わりに受け取った豚を食べる。また、イギリス文化を分析して、リーチは、動物をペット(食用禁止)、家畜(食用禁止だが去勢すれば可)、獲物(山野の動物で可食)、野獣(接触不可なので食べられない)の四つに分類するが、そのカテゴリー分類は、それぞれ、姉妹(性関係禁止)・実のイトコ(未婚の性関係可、結婚禁止)・友人(結婚可)・遠い他人(結婚可能性は無し)の四つの社会的カテゴリーに対応すると論じた。(5)

写真3　豚を解体して料理し、右の産婆兼祈祷師が大地の精霊に豊作を祈って祈願する。豚の口に入れた肉は、招福のしるし(ミンダナオ島ブキドノン州北部のブキドノン人)

写真4　妊娠儀礼。左が妊婦とその夫。産婆・祈祷師が鶏の首を切って料理し、その肉とライスをカミに捧げて安産を祈願する。右の竹製の箱は祈祷師が作り、ライスを入れて供える(ミンダナオ島ブキドノン州北部のブキドノン人)

自己を中心に同心円的に拡大するこの動物肉と性・結婚とのカテゴリーの対応関係は、狩りの獲物（食）とイトコ（性）との、カテゴリーと意味の一致を示唆している。いわば、食の生産（production）である狩猟と人間の生産である性・生殖が、親族・婚姻のカテゴリー分類に対応しているわけである。イギリスでは、ちょうどイトコとは結婚しないが恋人としてなら望ましい相手とされるように、ペットの犬や猫も食べられないが去勢すれば食べられるという。それは、イギリス人が豚肉をポーク、牛肉をビーフと呼んで、家畜の肉を料理用の肉に意味を変えて可食化するのに似ている。

以上の諸事例は、身近な動物は食べられないが、食べるためにはそれを「食物」のカテゴリーに変換させる傾向があることを示している。確かに、私たちはほかの生物の生命を奪うことにより生命を維持しているが、反面、同じ生命のある動植物を慈しむ心をもっている。身近な動植物を世話して養うことは、まわりの人間をいたわり、自然界の生命を尊重する心にも通じる。これも大切なことである。だとすると、鶏の命を奪う先述の実習に反対するつもりはないが、育てて「ペット化」した鶏を殺すためには、それを非ペット化して異化するための文化的装置が必要であるとはいえる。

4　肥満と健康観

（1）体形と食生活

ところで、南太平洋のフィジーの先住民は、身体を、亀やカヌーと同じような形をした生命力を運ぶ「器」と見る。また、女性は乳房の大小はさほど気にしないが、お尻が小さいのをよいとし、男女とも足の「ふくらはぎ」の太い、適度に体格のよいタイプが健康的で美しいと見なされる。私たちにとって不美人のイメージと重なる

〝大根足〟が、彼らにとってはセクシーな美と健康の基準であり、そこを見ることは身体全体を見ることと同じとされているのである。

南太平洋の人びとは、身長が高いだけでなく、栄養学的規準でいうと肥満率が高い。しかし、医学的・栄養学的に見れば、成人病や早死と結びつけられやすい肥満体であるが、伝統食に依存している地域では、成人病などの疾患が少なく健康的で、科学的常識が通用しないといわれる。この問題については、すでに、優れた栄養学的研究が多くある。(6) また、形質人類学の立場から、その体格の発達の原因を、東南アジアから太平洋へ民族移動する時、カヌーでの航海の途中が寒かったので、それに適応するための体形の遺伝子を保持したという、特殊な環境状況に求める考え方も提示されている。(7)

フィジーを調査した文化人類学者のベッカーは、彼らの体形を世話好きで気前がよく、社交的な集団主義的価値観からそれを説明した。「たくさん食べる人は熱心に働く人」と考える労働観とか、痩せた身体は食欲の減退、怠慢、病気、不健康を表し、同時にまわりの人びとの世話が不足しているという、特有の健康観や社会的通念に関連があるというのである。

確かに、筆者が滞在したことのあるフィジーの人びとは、とても親切で世話好きな人びとである。食事のときには、ゲストである筆者は上座に座らされ、しばしば「たくさんお食べ」とか「満足したか」と何度も声をかけてくれた。他者への愛と思いやりは、このように、主として食物・食事を与える行為でもって表される。

しかし筆者は、ベッカーとは少々異なる見解をもっている。それは、先に述べたように、人間の体形は、理想的な形である亀、生命力を運ぶカヌー、この地域で最も儀礼的に重要な作物であるヤム芋と同じように、全体の真ん中が膨らんだ丸い形が理想的とされてきたことに連なる問題だと考えるからである。豊満な身体は、ちょうど先に述べた亀のように体内が生命力に満ちている健康体を意味し、まわりの人びとの世話と愛が十分に行き渡

肥満こそ美人の国

アフリカ・モーリタニア 強制の習慣

肥満、それは美しい――。アフリカの西の端にあるモーリタニアでは、女性の理想の「美」について長年、そう考えられてきた。嫁入り前に無理やりに太らされた女性は少なくない。近年は「美意識」のグローバル化と医学の影響から、「スリムで健康」が都会の女性たちの合言葉になりつつある。（ヌアクショット＝古谷祐伸）

無理やりミルク漬け

21歳モデル、拒食症で死亡

「日本で強迫観念に駆られて」

写真5　痩せや肥満は世界の問題の一つになっている
（写真は朝日新聞2008年９月17日〈右〉と2006年11月19日〈左〉の記事から抜粋）

っていることを表している。要するに、サモア、トンガ、フィジーなどの南太平洋の人びとの大きな身体は、そうした彼らの食環境、生命観と健康観、世話と扶養、豊満な身体への社会的期待、美意識などが総合的に働いた結果と考えられる。

肥えた身体を理想とする見方は、それほど珍しくなかった。アフリカから奴隷として連れて来られたジャマイカの住民を調査した研究者のソボは、痩せた身体はケチで反社会的と見なされていると報告した[8]。その郡部のジャマイカ人の理想的な体形は、男女とも体格がよく均整のとれた身体を好むが、男性は筋肉質、女性は尻が広くて立った乳房が理想とされている。また、肥えた身体が理想とされるが、それは血液と体液が循環している健康な身体を表す。さらに、先に挙げた南太平洋の人びとと同様、肥えていることは、他者と食物を分け合う協力的な人格を表すものと解釈される。逆に、痩せた身体は、非社交的な人と評価される。

もともと、その住民の故郷である西アフリカには、肥えているほうが魅力的という価値観があり、思春期の少女を「太らせる部屋」があり、その隔離の期間に儀礼について教育するとともに食事をたくさんとらせて太らせる慣習があった。食糧不足の地域では、肥えている身体は、生き延びる可能性が高いことを意味するから魅力的と見なされるが、小規模菜園で、パートタイムで働くだけの人の多いジャマイカでも、その伝統は生きているとソボは考えている。

もう一つ注目されるのは、そのジャマイカ人の健康信仰（health belief）である。彼らは、温かく湿った飲食物が太らせ、冷たく乾いた飲食物（冷めたライス、クラッカーなど）が太らせないと考えている。また赤ワイン、ポーク、ビーフなどの赤い食物が赤い血をつくり、ミルク、卵の白味、オクラのような白い食べ物が母乳や精液のような「白い血」になると信じている。身体が成熟するのは、果実が水分を多く含んで（太くなり）、赤く熟して「甘く」なるのと同じである。素行の悪い人や痩せた人は（水分が少なく、乾いて）「未熟」で「青い」とされる。女性の場合、それが胸に顕著に表れるが、「白い血」（ミルク）を多く飲み、性交を通して恋人の「白い血」を摂取することで「栄養」を補給し、健康が増進されて魅力を増すと信じられている。

この事例は、体形に関するとらえ方が、それ固有の健康観にあることを示している。

（2）健康モデルの葛藤と変容

しかし、とりわけ産業構造が変化し、新しい科学的知識が導入され、出版・放送などのメディアが普及して、さまざまな情報が世界中を交叉するようになると、既成の身体観と健康モデルが大きく揺らぐことになる。

米国では、肥満が急増して、今やエアロビクス、ジャズダンス、化粧品、ジムなどに費やす費用が家具に使う額を超えているという。(9) もともと米国でも、痩せた身体が理想とされていたわけではない。二〇世紀の初頭に、ある保険会社が肥満と死亡率の関係を発見した。そのようななか、一九二〇年代、ボーイッシュで胸の小さな女性の体形が理想とされるようになり、肥満は貧しい家庭の粗食の結果と見なされるようになった。第二次世界大戦後、好況に沸く米国は栄養過多の時代に入り、肥満が社会問題になる。それに合わせるかのように、一九六〇年代以降、いわゆるトゥイギー（枝のように細い意味）モデルが美の基準となり、痩せた身体がエリートの条件とされるようになる。その後、マリリン・モンロー風の身体モデルが、理想とされるようになった。

とりわけ一九八〇年代以降、新自由主義の台頭とともに始まった格差拡大というなかで、底辺層における食がジャンクフードやマクドナルドに代表されるファストフード、巨大マーケット（ウォルマート等）に代表される大量消費文化（安価な巨大ピザ）が肥満社会のもととされるようになった。痩せと肥満は、社会階層のサインとなった。痩せは、自己抑制、権力、富、有能、成功を意味し、肥満は、貧しいプエルトリコ人、黒人、ネイティブ・アメリカンに多い低い階層の特徴と見なされるようになったのである。実際、米国では、肥満者は、自己抑制がなく、引きこもりで、非社交的かつ反社会的な人間という烙印を押され、結婚、進学、昇進にも支障が出るほどの社会問題になっていると、多くの社会学者が指摘している。

肉食を避けて、野菜食を好む傾向が欧米社会に広がっているのも、そうした価値観の転換の一つの表れと見ることもできる。肉食を避けて健康を促進しようという運動は、すでに一六世紀半ばのイタリアで起こっているが、一八四七年の末にはイギリスでベジタリアン協会が設立されており、その言葉が正式に採用された。アメリカでは一八五〇年に、ドイツでは一八六七年に、同様の協会が設立された。そして、一九九〇年代の時点では、イギリスで四・五％、米国で一〇％（実際は五％前後）が自身をベジタリアンと見ていたという報告もある。[10] 野菜食を好む人は比較的上位の階層の人に多いともいわれる。ベジタリアンになる理由はさまざまであるが、肉食を低く見る現在の傾向が突然現れたのではなく、むしろ肉食と野菜食の対立的な階層関係がもともと存在し、時代の変化とともに逆転して、少数ながら続いていた伝統が前面に浮かび上がった結果と見ることもできるだろう。

現在の米国女性の四〇%以上が自身を肥満と考え、思春期の女性の二〇%が拒食（bulimic）的な行動をとっているという調査結果もある。それは、肥満を否定する現代の社会的通念の裏返しと見ることもできる。

こうした健康モデルの変化は、欧米諸国の影響を受けた多くの国々にも生じている。先にあげた南太平洋の健康モデルに戻ってみよう。たとえば、サモアでは伝統的に大きくて強い身体が理想とされ、痩せは病気やわがままのイメージで見られていた。地域の保健は伝統的に女性により担われてきた。現代のサモアは近代化が進んだが、今でも、地域生活のなかでその婦人会が重要な役割をもっている。人びとは痩せたほうが健康的という知識はもっているが、多くの人びとの意識は伝統的なままである。[11] エアロビクスはあるが、そこに通う二〇歳代から三〇歳代の女性の痩せた女性は「パパラギ（白人の意味）少女」と呼ばれ、悪霊の憑いた逸脱者か病人と見なされている。こうした新しい外来の理念（知識）は、伝統的健康モデルと矛盾しているかのようである。

写真6　集会所で踊るサモアの婦人会の人びと

理想と現実のギャップを示すもう一つの例は、食のグローバル化と外来の食品の導入による新しい健康モデルとの矛盾である。先に述べたように、太平洋地域でも都市化が進行するにつれて、食の西洋化が進んだ。ゲウェルツとエリントンによると、人口の四五%が都市に住むフィジーでは、体重過多は一九九三年の二三%から二〇〇四年の三一・三%に増え、肥満も一九九三年には九・八%であったが二〇〇四年には二三・九%に増えた。当然、高血圧や糖尿病、癌などの病気が深刻になった[12]。

彼らは同書で、特にオーストラリアとニュージーランドから太平洋諸国に輸出される羊肉（ラムとマトン）の胸肉（flap）が現地に及ぼす影響について、研究をまとめた。胸肉は脂肪分が多いので安肉とされ、犬や猫の餌になっている国もある。しかし、一九八〇年代から一九九〇年代初期には、オーストラリア産の胸肉は合衆国とカナダでハンバーガーに使われていた。太平洋地域でも動物性蛋白質が少ないこともあって、望ましい肉と考えられていたが、それが問題視されるようになったものの、その対応の仕方は各国まちまちである。フィジーではテレビを通して肥満の弊害を知ると、二〇〇〇年になり、その肉の輸入を禁止した。他方、パプア・ニューギニアでは、豚肉の代用として使用され、その弊害は知りながら、田舎暮らしよりは都市生活だから享受できる、鶏肉とソーセージと並ぶ「御馳走」とさえ見なされる傾向があるという。トンガもまた、法律的には輸入を制限したが、羊の胸肉が家計の多くを占めているのが実情である。

しかし、ゲウェルツとエリントンは、一方的に輸出する側を非難しているわけではない。胸肉はニュージーランドに出稼ぎに来たトンガ人の送金でもって買われ、それを食べて病気になったトンガ人がオークランドへ治療にやってくる。医療費はしばしば未払いになるので、ニュージーランドの医療制度は圧迫されて崩壊しつつある。また胸肉の輸入を禁止したフィジーでも、先に見たように代わりに他の安肉を買って食べるので肥満と病気が増え続けている。そこから、「必ずしも胸肉だけが悪いわけではない」と彼らは主張している。

以上述べてきたような伝統的思考と科学的思考のギャップ、メディアが示す理想的体形と現実との落差、互いに健康に害があると知りながら現実には商取引きされるという国際間の矛盾など、近代化とグローバルに伴うさまざまな混乱が生じている。しかし、見方によっては、それぞれの地域でそれを克服しつつ、独自の食文化を形成していく過程であるともいえる。

彼らに自国と同様のダイエットを勧め、適度に痩せた身体を健康的とする医学的・栄養学的な知識を指導することは、科学的には確かに良いことなのかもしれない（実際、現地でもそれに取り組んでいる）。しかしその知識と実践が困難であることをもって、科学的知識の後進性の証拠と見ることは、彼らの多食を勧める食習慣、他者を温かく思いやる世話好きの文化、相互扶助の慣行、身体に生命力が多いほど良いとする身体観と健康観まで否定し、経済的・歴史的事情までも無視することを意味する。近代科学の規準を強要することで彼らの平均寿命は延びるかもしれない。しかし、それが達成されたときは、彼らの経済生活がさらに向上して、見知らぬ相手にでも明るく呼びかけて挨拶してくれたあの魅力的な笑顔が消え、神経質で無愛想な表情に変わったときなのかもしれない。

5　多様な食文化を学ぶ

先にたびたび取り上げたフィジーでは、先住フィジー人とインド系フィジー人の人口がほぼ半々で、ほかにも、西洋系、中国系、ロトゥマ島民（ミクロネシア系）など、さまざまな民族が共生している。宗教的にもキリスト教諸派、豚肉を禁忌するイスラム教、牛肉を忌避するヒンドゥー教などがある。こうした複雑な事情も絡んで、一九八七年、二〇〇〇年、さらには二〇〇五年と、先住系フィジー人による政権奪取のクーデターまで起きた。

学校でも、かつての宗主国であったイギリスの言葉である英語が共通語として使われている。このようなフィジーの学校は「小さな国際社会」である。たとえば、ヒンドゥー教徒の生徒の目の前で牛肉入りカレーライスを食べたとしたら、トラブルが起こること必至である。フィジーで相互の文化の理解と尊重が切実な問題であることは、こうした例からもわかる。グローバル化の進む現代では、私たちにも、こうした状況に直面する機会が多少とも増えることが予想されるから、無関心では済まされない。

国際化は、しばしば指摘されるように、英語を学んで先進諸国の価値基準に合わせることと同義ではない。先にミクロネシアその他の多くの国・地域・民族の人びとの間で手食が基本と述べたが、フィリピンでは手食に加え、スプーンとフォークで食べるのが一般的である。食もマナーも、それぞれの人びとの心と文化に結びついており、ナイフとフォークを両手に持って食べるほうが、手やスプーン・フォークで食べるより高級で洗練されていることにはならない。

もちろん諸外国には、優れた文化がたくさんあるから、それを学ぶことは異なる文化に目を向ける動機ともなる。また、私たちとの共通点を知ることは、親しみを感じることにもなるだろう。他方、異質で受け入れ難いものもある。また物質的に豊かな社会もあれば貧しい社会もある。しかし、どんな社会で生きるにせよ、その差を超えて、食は不可欠である。

その意味で、食を学ぶことは、単に私たちの健康を維持したり珍しい食を賞味したりするだけの問題にとどまらない。それは、自身と同じ目線で多様な人間の生き方を考えることでもあり、逆に自らの生き方への自覚を促すことでもある。そうした見方を身につけることは、これからの国際社会では、ますます必要になるだろう。

【参考文献】

（1）河合利光「食を通して異文化を知る」『子どもと健康』労働教育センター、2003, pp.7-13.
（2）上原善広『被差別民の食卓』新潮新書123、新潮社、2002
（3）鄭銀淑『馬を食べる日本人、犬を食べる韓国人』双葉社（新書）、2002
（4）河合利光「ブキドノン族の出産・病気・紛争」小川正恭・渡邊欣雄・小松和彦編『象徴と権力』弘文堂、1988
（5）リーチ、E・R「言語の人類学的側面—動物のカテゴリーと侮蔑語について—」（訪諏部仁訳）『現代思想』4－3号、1976

(6) 全国食糧振興会編『トンガ式健康法の変化に学ぶ』農村漁村文化協会、1986

(7) 片山一道『ポリネシア人』同朋舎出版、1991

(8) Sobo, Elisa, 1997, The Sweetness of Fat: Health, Procreation, and Sociability in Rural Jamaika. Counihan, Carole and P.V. Esterik eds., *Food and Culture: A Reader*. New York and London: Routledge.

(9) Powdermaker, Hortense, 1997, An Anthropological Approach to the Problem of Obesity. Counihan, Carole and P.V. Esterik eds., *Food and Culture: A Reader*. New York and London: Routledge.

(10) Beardsworth, A. and T. Keil, 1997, Sociology on the Menu. New York: Routledge. pp.223-226.

(11) Douglass, Drozdow-St Christian, 2001, Elusive Fragments: Making Power, Propriety&Health in Samoa. California: California Academic Press. pp.190-191.

(12) Gewertz, Deborah, and Frederick Errington, 2010, *Cheap Meat: Flap Food Nations in the Pacific Islands*. California: University of California Press.

Column 1

仏は神ではない——スリランカの仏陀の食事

大岩　碩

スリランカ人の日常生活では、宗教行事や儀礼の折に、仏陀、諸神、悪鬼にそれぞれ独自の食物が供えられる。

村人によれば、仏陀像の前には、僧に布施される食事の一部が毎日供えられる。僧に供する食事は、品数を多くすることはあっても、中身を変えるわけではない。村人が、日常食べている肉や魚も供えられるから、僧に布施される食物にも、仏陀に供えられる食事にも、肉や魚を避けるという規制はない。ただし、酒・タバコの葉・生卵は禁じられている。

諸神への献納の場合には、仏陀とは異なり、酒、生卵、肉、魚を含まないよう注意する。収穫儀礼の前日の夜、７種類の野菜類（里芋・豆・茄など）を一緒に壺で煮込み，カレーを作る。この７種のごった煮（ハットマールワと呼ばれる）は、材料をよく吟味し、調理した後、儀礼的に神に献納される。その後、脱穀場にマットを敷き、村人全員でそれを食べる。神への供えものは、鳥などの生きものにも与えられる。

また、尋常でない振る舞いをする人は悪鬼にとりつかれたとされるが、その人から悪鬼を追い出す儀礼はトウィルと呼ばれる。その際、悪鬼への供物、火の上で焼いた肉や魚、５種類の木の実、陸生動物の肉、水生動物の肉、オンドリの生血、生卵、ハットマールワが供えられる。ハットマールワは諸神へ供えるものと同じ名で呼ばれるが、悪鬼の場合、７種類であればどんな野菜類でもよく、時に人間が通常食べないものが含まれる。また、その加工の仕方も違っており、中身がうまく煮えたかどうかを吟味せず、途中で火を止めてしまう。悪鬼に供える食物を諸神に献納することはない。

人が日ごろ食するカレーは、一素材だけの一品カレーであり、何種類もの素材を混ぜることはない（カレー料理は素材の種類で区別される）。この点、ハットマールワは日常の食事ではない。つまり、仏陀の食事は日常食で、諸神・悪鬼の食事は非日常食である。言い換えれば、仏陀は人間が普通に食べるものを与えられているのに対し、諸神にはハレの日にしか人間が食べないものが、そして悪鬼には人間の食べられない食事が与えられている。仏陀は人間そのもので僧の一人とされるが、諸神は人間とは異なるものの人間の味方であり、悪鬼は人間と異なる存在で人間の敵である。

仏陀は尊敬こそされるが、願い事の対象である神と異なる存在であることは、供えられる食事に示されているのである。

スリランカの仏陀の食事

2 食とコミュニケーション

1 人間は社会のなかで食べる

一般に、血縁・婚姻でつながる社会関係の最小の単位が家族とされるが、共食はその情緒的絆を強化する重要な媒体の一つである。食事が家族の連帯を強めるのは家族（ないしそれと類似の集団）、およびその延長にある親族関係が、料理という共通の文化を共有する小集団であることを意味する。調理法、食材、料理の光沢や味、香りや匂い、共食できる相手、テーブル・マナーから配膳や後片づけの仕事の分担まで、目に見えない社会的・文化的なルールや感覚が共有される。個人的な嗜好はもちろんあるが、その関係者の間の基本的な諒解が成立していたほうが都合がよい。逆に社会問題になりつつある孤食・個食はそのような人間的つながりの希薄化を意味するから、重大な問題と認識されることが多い。

家族的集団は食の消費単位であるだけでなく、労働分業の基本的単位でもあることが一般的である。夫と妻、親と子、兄弟姉妹、性差（gender）、年齢差に応じた役割分担がある。食物の獲得と生産、食物の借用や交換、買い物、貯蔵と保管、料理、配膳、後片づけなど、多様な食物の獲得と消費活動の交叉する場が、家族とか世帯（household：経済と居住の側面から見た集団）である。

家族に限らず、食は社会と自身との関わりにおいて重要である。階級、エスニック・グループ、ライフスタイルは、食生活のスタイルと深く結びつく、言語に次ぐコミュニケーションの媒体といえるかもしれない。

人間は言葉、女性（結婚）、財の交換を通して集団間のコミュニケーションと連帯を強化すると主張したのは、フランスの文化人類学者のレヴィ＝ストロースであった。氏は、文化を、普遍的無意識から表象されるコミュニケーションのシステムと考えた（ここでいうコミュニケーションには、人間間の意思伝達の意味の他、たとえば料理のように、それが受け手に伝えるメッセージの意味がある）。

レヴィ＝ストロースの分析した「料理の三角形」（一九六七年）は、その構造主義的立場から食文化を分析した先駆的な研究の一つである。それによると、料理はちょうど言語のような記号のシステムとして研究できる。たとえば、食物は「生のもの」「料理したもの」「腐ったもの」に分類できるが、その三角形の相互の関係の深層には、生のもの（自然）と料理したもの（文化）、料理したもの（文化）と腐ったもの（自然）の二項対立と変換の無意識の構造があるという。

確かに、食物は単なる栄養価の問題にとどまらず、社会的威信を誇示したり、社会関係を結んだり、非日常性を演出したりするために使われる社会的・文化的手段でもある。それゆえ、食物と食行動は、生活体系のなかで意味を与えられたり解釈されたりする。

ただし、人が誰と、どこで何の目的で何を食べ、何を贈るかは規範的であると同時に全体的である。モースが有名な『贈与論』(1)のなかで示したように、贈り物は、家族、友人関係、集団、宗教などでやり取りされる総合的行為なのである。

しかし、その行動は同時に自発的でもある。私たちの日常生活を振り返ってみても、歳暮、中元、おみやげ、誕生日プレゼント、祝儀、内祝い、結納、香典など、多数の物のやり取りをしている。それらは社会と文化の脈絡のなかで意味をもち、相互の関係を強化したりする媒体ともなる。同時に、食物は体内に摂取され、味覚・視覚・触覚・栄養素・生命維持に直接的に関与する財であるから、食の研究には、心身と生命、医療的次元に加え、社会文化的・生態的条件・自然観を含む全体論的アプローチが必要である。[2]

南太平洋のフィジー人の事例から考えてみよう。彼らは、共食したり、物のやり取りしたりする行為を「支え合い」と考える。共食はカナ・ヴァタと呼ばれるが、それは「一緒」（ヴァタ）に「食べる」（カナ）意味であると同時に、支え合いと協力の意味をもつ。彼らの説明では、ヴァタには人間が互いに対面して折り重なり、一つになるイメージがある。要するに、食物を共に食べ、同じ食べ物を分け合う行為には、人間同士を一体化させ、結合させる心理的意味を伴う。

また、フィジーでは男女の仕事は陸と海に分かれるが、それは同様の理念を表している。伝統的な石蒸し料理では、男性が陸で栽培した作物（ヤム、タロ、バナナなど）と女性が海からとってきた魚介類を、その中間に当たる浜辺の砂浜に掘った穴に入れて料理する（町では台所が主であるし、郡部でも料理小屋の竈や台所も併用されているが、陸と海の食材を集めて一つに合わせるという意味は変わらない。写真1）。

日常の食事では、家族や一族が長方形の布を敷いて、そこに置いた料理を囲んで食べる。都会では、それがテーブルになることが多い。儀式とか行事で人びとが大勢集まって食事をするときも、部屋の中央に敷いた大きな長方形の布の上に並べられた料理を、人びとがその布の左右と上下から囲んで食べる。それはカナ・ヴァタ（共食）と呼ばれ、生命力の循環する支え合いの形を表している。同様に、フィジー、サモアなどの南太平洋の諸国を訪れると、カヴァと一般に呼ばれる飲料（コショウ科の植物からつくるノンアルコールの飲み物）の入った器を囲んで飲み回している姿を、しばしば見かける（写真2）。フィジーでは、その水を「命の水」と呼び、その回し飲みを「生命力の循環」と考えている。また、食物を料理する地釜の穴、「食卓」の料理、カヴァ飲料を入れる器を、それらの周囲を取り囲む人びとの間に生命力を循環させて結ぶ共通の「穴」と見なしている。同じ「穴」

を囲んで飲食を共にすることが、すなわち心を合わせることなのである。何となく、食卓で鍋料理を囲んで食べている（同じ釜のメシを食う）日本人の姿に重なるだろう。

写真１　首長に捧げられる儀礼用食物のマリマリ。浜辺に掘った地釜で、タピオカからとった澱粉を葉に包んで燻製にする。石を焼いて料理するのはふつうの料理法と同じだが、直に石の上に置かないで、その上に被いをする

写真２　フィジーの飲料、カヴァ。葬式の４日間の喪に服するために集まった10人の老女に、カヴァをサービスする若者たち。この４日間、それ以外の男性の立ち入りは原則として禁じられる

2　赤頭巾ちゃんのパンケーキと小さなバター壺

食をコミュニケーションと考えるということは、社会的・文化的な脈絡のなかでそれが表象している意味を読み取るということでもある。その一例を説明するために、有名なグリム童話の一つ「赤頭巾ちゃん」(little Red

Riding Hood）のストーリーを分析した興味深い研究があるので、次に紹介したい。

その論文の著者のマーチンは、物語のなかに「パンケーキと小さなバター壺」（griddle cake and little butter pot）という言葉が、ほとんど呪文のように韻を踏み、五回出てくる点に注目した[3]。著者の議論を要約すれば、その五回とは、①お母さんが娘（赤頭巾ちゃん）に、パンケーキ（ホットケーキ）と小さなバター壺を森に住むお祖母さんに持っていくよう言いつけたとき。②娘が森に入る途上で狼に出会って尋ねられ、それを「お祖母さんのところに持っていく」と答えたとき。③狼が早回りしてお祖母さんの家に着き、戸口で「パンケーキと小さなバター壺を持ってきた」と告げたとき（その後、お祖母さんは狼に食べられる）。④遅れて到着した娘が、お祖母さんの家の戸口で「パンケーキと小さなバター壺を持ってきた」と伝えたとき。⑤お祖母さんを装った狼が、ベッドの中から娘を招き入れる前。

いずれにせよ、その言葉が出てくるのは、何かの行動を起こす前（出発点）に唱えられる。たとえば、この定型句が唱えられた後に、幼い子どもは狼の食物（肉＝メインディッシュ）となる。マーティンは、「その定型句は、さまざまなコース（料理）に先立つ食前酒のようだ」と分析している。要するに、その「パンケーキ（ホットケーキ）と小さなバター壺」は、時間空間の中で出来事が移行する境界を表示する食物ということになる。

写真3　スイス人での結婚式のケーキカット。ケーキは三段重ねではなく、横に3つ並べてある。花嫁は日本人（撮影：関谷恭子）

考えてみれば、西洋の行事食にはケーキが多い。誕生ケーキ、クリスマス・ケーキ、ウェディング・

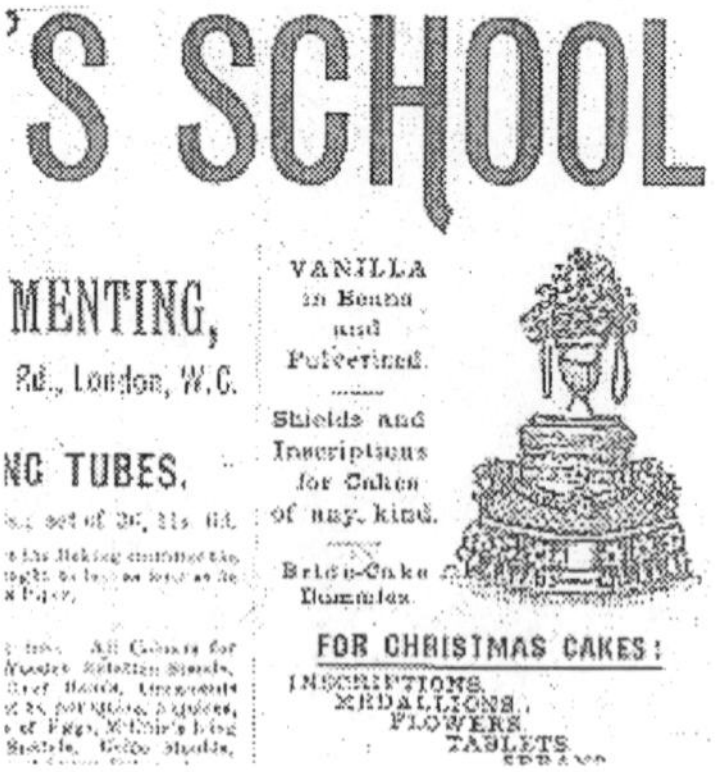

写真４　1893年のイギリスのパン屋の「花嫁ケーキ」の広告の一部。現在のウェディング・ケーキの基になったケーキ。パン屋から発達したが、１段のケーキから次第に城を模して段を重ね、巨大化した（Simon R. Charsley, 1992, Wedding Cakes and Cultural History. New York: Routledge, p.80より転載）

ケーキ、合格祝い・洗礼式・新築祝いのケーキなど、西洋で人生や季節の節目にケーキで祝う風習は日本でもよく知られ、すでに私たちの暮らしにも溶け込んでいる。

ケーキが祝祭や行事で食されるのは、明らかにそれが穀物からつくられる食品であることによる。西洋では、穀物そのものが種・受精・豊饒性・多産性のイメージと結びついていた（いる）。もともとケーキはある種のパンでもあった（ケーキはパンを意味する古語*kaka*に由来する言葉とされる）。食物の豊饒性は神によって保証され、逆に神に食物を捧げることで豊作や多産を祈願したから、パン・菓子・ケーキはキリスト教会の神の力とも結びついていた。パンもケーキも、いわば神とのコミュニケーションの媒体となる食物であったといってよい。

ギリシャのペロポネソス半島南部のマニ地方を調査したアーノットは、伝統的な儀礼と食としてのパンについて詳細に記している。(4) それによると、儀礼用のパンは、作物と家畜の豊穣性を表している。クリスマスや新年には、大地の聖処女と、幸運を表すクルミを十字架の形をしたパンに埋め込む。パンは家族だけでなく家畜の健康を祈ってつくられる。その動物を模した形のパンは、子どもに配られて食べられる。ラランギアと呼ばれるクリスマス・イブの菓子は、この時期に徘徊して老人や子どもを襲う尾のある悪霊を、煙突から出るその菓子を焼く煙でもって追い払うという伝承がある。

マニ地方に限らず、ギリシャの全土で、特定のパンにコインないしストローを入れ、切ったときにそれを見つけた人が幸運を得るという伝承がある。イースター祭の焼きパンは、ふつう赤い卵で飾られる。マニ地方では、カミと子どもが贈り物を交換する日とされ、子どもは教会から二〇個から三〇個の卵、ワイン、チーズなどを受け取り、両親にそれを贈るという。未亡人は、三年間、クリスマスのパンをつくらない。教会の守護聖人祭では、砂糖を塗ってあるスパイスの効いた五つの大きな丸パンを人びとが持参し、司祭が祝辞を述べた後に分配する、等々。パンと教会との結びつきは強かった。パンの健康、多産、豊穣の力は穀物の力であり、地域のセンターである教会の神の霊力でもあった。

その地域の宗教的センターである教会が、パンの集積と分配の中心となるのは、むしろ当然の成り行きかもしれない。先に紹介した「赤頭巾ちゃんのパンケーキと小さなバター壺」に時間の流れの境界表示の意味があるとすれば、地域のセンターである教会にパンが捧げられるのも理解できる。教会は東西、南北ないし周囲の中心点であり、それらの方位の両側から見れば境界（中間点）だからである。

3 「甘さ」と人間関係

ところで、日本文化は「甘えの文化」だとよくいわれる。精神医学者の土居健郎の著書『甘えの構造』(5)で流行語にさえなった。味を意味する言葉で表現される日本語特有の概念を、欧米の独立心と厳しい規律の文化に対照させて、人間関係を「甘え」と見る日本人の依存心の強さを示すものと論じられた。しかし、人間関係の「甘え」と依存心は、本当に日本人にのみ固有の特徴だろうか。たとえば、先述のフィジー人の共飲共食のように、人びととは食を通して交流する。フィジーではレモンは「甘い」ので恋の味とされる。相互依存関係が食の味覚で表現されることは、むしろ普遍的にある。

相当に古い話になるが、アメリカ人夫妻がわが家にしばらく滞在したことがある。そのとき土産に持ってきてくれたのは、ドロップ飴の入った小さなカン一つであった。そのときは何も思わなかったのだが、何か長い間、忘れられなかった。その後に筆者が気づいたのは、ドロップには先に記したケーキと同様に「甘い」という特徴があることである。甘さは、欧米でも友好的な人間関係と相互依存の意味に結びつく。

日本の結婚式を研究したエドワーズによると、一九七〇年代以降に導入されたウェディング・ケーキが、日本に普及したのは、受精と生殖の意味に結びつく穀物のイメージと、甘さのもつ多産・豊穣の意味が一致したからである。[6] 同様に、女性がチョコレートを贈る欧米のバレンタインデーの風習（現実には米国、イギリス、オーストラリアなどの諸国ではバラの花を添えることが多いらしいが）も、日本では一九五〇年代後半から普及しはじめ、一九七〇年代後半までに歳暮やお中元のような年中行事の一つとして定着した。義理チョコやホワイト・デーに象徴されるように、日本の義理人情という日本的コミュニケーションの形式に変化したわけである。ステファンソンは、日本におけるバレンタインデーの普及は、戦後に受けたアメリカ流の民主主義と個人主義の思想的影響、および一九七〇年代以降の女性の職場進出に関連があると考えている。[7] 付け加えるなら、先に引用したエドワーズの論理に従えば、日本にそれが定着した理由の一つは、結婚式の引き出物に砂糖や落雁を贈るような「甘さ」の伝統に関連があるといえるかもしれない。

ここで注目したいのは、チョコレートについての欧米系諸国と日本の捉え方の違いである。日本でも「チョコレートを食べ過ぎると鼻血が出る」とか「太る」として食べ過ぎを警戒することはあるが、フランス、イギリス、アメリカなどの諸国では、より明確にチョコレートを含む甘い食べ物が、「快楽と罪」という二律背反的な意味を同時にもつ。そのことは、多くの著者により指摘されている。[8]

主にフランスのパリでのフィールドワークに基づき、手工芸産業の継承、資本主義化による国家間競争と民族アイデンティティに関する民族誌『フランスにおけるチョコレートの歴史と文化の手工芸化』(9)をまとめたアメリカの文化人類学者のテリオは、「甘いもの」(菓子 confectionery)の贈与と授受が人間関係の媒介になり、後援や保護の意味に関連があることに注目した。

同書によると、フランスでの菓子の贈与交換は、社会関係とステータス上のリスクを管理し、友人関係や嫁と姑のような友好的関係を確認したり修復したりする媒体である。その典型がチョコレートである。団体マネージャー、ビジネスの会社のオーナー、被雇用者のような職業的つながりだけでなく、学生や子どもも贈与するが、返済があるのがふつうである。息子が入学試験の準備にかかっているとき、その親や保護者が教授に菓子を贈ることもあるという。フランスでは、チョコレートは不幸と困難の克服と祈願を意味するから、チョコレートを病気見舞いに贈る人もいる。

チョコレートはもちろん「甘いもの」の一種であるから、チョコレートそのものよりはケーキや菓子と同様、その「甘さ」に意味がある。ただし、チョコレートには、甘さとともに苦味があるという特徴がある。それは食物であるが野菜や肉のような正式の食事にはならない。どちらかといえば、食物と非食物の中間的な食べ物と見なされている。先に述べたように、それは、クリスマスや誕生日のケーキのように、季節や人生の節目に食べられる。さらに、食べると快楽があるが食べ過ぎると病気になる(飴と鞭のように)。ちょうど、かつて贈与のgiftに賄賂(毒)の意味もあったように、チョコレートは快楽と危険、賞と罰の両面を備えた両義的特徴をもつ典型的な食品なのである。

もう一つ注目されるのは、チョコレートの起源に由来する両義的なイメージである。今でこそメキシコは、チョコレートの原料であるカカオ豆の世界生産の一・五%ほどを占めるにすぎず、その多くがヨーロッパ諸国の植民地になったことのあるアフリカ・アジア地域で生産されている。しかし、そこはかつてマヤ文明やアズテック文明のあったチョコレートの発祥地であった。そのエキゾチックな貴族文明のイメージとワイルドでナチュラルという原始のイメージが、フランス人には同居している。先のテリオの言葉でもって言えば、「その意味でチョコレートは甘くされてはいるが、ワイルドでナチュラルな力を保っている。それは自文化化されてはいるが、快楽主義的で洗練された教養あるエリートの消費慣習と切り離し難く結びついている」。

そのアンバランスで両義的なイメージは、現代のグローバル経済下でも、すぐ溶けてしまうのでチョコレートを食べない熱帯の生産者と、温帯に住んでそれを消費する人びととの間の、新植民地主義とも呼ばれる不平等な国際的格差にも通じるものがある。(10)

欧米系諸国の人間関係の「甘さ」には、肯定的意味と否定的意味が同時に含まれるという点で、土居建郎のいう日本人の「甘えの構造」とは異なるといえるだろう。

4 出会いの場としてのパブ、カフェ、レストラン

(1) 出会いと結び

日本語の「出会い」を辞書で調べてみると、ほぼ共通して、次のような意味がある。①会合、②彩色の配合、③男女の密会、④売り手と買い手の売買の成立、⑤連歌・俳諧をする人びとが順序を決めないで、出来次第につけること。他方で、「出会い」に相当する英語（meet, encounter）には困難や運命に立ち向かう、対決する、戦うという意味も含まれている。

単純な語彙比較から結論を引き出すのは慎重にしたいが、人が出会うという行為の認識に微妙な差異がありながらも、共通の身体イメージがあることを、そこに確認できるだろう。人と人、物と物の「接点」（境界）がど

写真5　バリ島・デンパサールの辻。辻の中心にカミを祀り、時に供物を捧げる

のような意味をもち、どのように認識されているかについて、筆者は、いくつかの東南アジア・オセアニアの諸地域で調査したことがある。そこで注目される問題の一つは、それらのいずれの文化でも、その接点の意味が、人と人の対面イメージ、および食と性の意味に重なっていることであった。

たとえば、ミクロネシア連邦のチューク州では、二本の木を継ぎ足して紐で結び、それを一本にまとめると、全体の中間（中心）に一つの結び目ができるが、この結び目は、両側から男女が対面して腹を合わせ、性交で結ばれる意味の言葉で呼ばれている。そこから、その棒の全体の中心点（結び目）は、腹（ヌーク：中心の意味でもあり、胸から陰部まで含むカテゴリー）の結合する接点とも見なされていることがわかる。要するに、ちょうど身体の中心である腹に感情・胎児・食物・水などの生命力が入るように、二本の棒の繋ぎ目（結び目・接点）も（全体の）「腹・中心」と呼ばれる。つまり、繋いだ二本の棒の継ぎ目・結び目も、両側から結ばれて「腹」を結ぶ接点なのである。ちなみに、チューク語で「好き！」（サーニ）に当たる言葉も腹（サー）に由来する言葉である。つまり、腹が好意という感情と霊力の座の意味を同時に表している。

その接点も結び目も、道の交点（辻）に似ている。筆者は、バリ島を訪問したとき、人びとが店の入り口とか辻や屋敷の隅で供物を捧げるのをたびたび見たことがある。そこでは、道の辻、田の片隅、戸口などに花や食物などが供えられていた。

すでに書いたことがあるので詳述は避けるが、[11] 日本語でも、ツジ＝辻（道の分かれ目で、直線の交わる接点である隅にも通じる）に含まれる発音「ジ（チ）」は、いずれも同じ発音である「血・市・道・町・霊」に通じ、古くは血流や心身の交流の意味があったという説がある。その霊的力の集合点が、境目、結び目、折目、節目、目上と目下、目玉商品、目印のような、事象を両側に分ける（あるいは逆に両側を結ぶ）基準となる。古語では、「目合（まぐわい）」は男女の交接を意味した。日本語では、チュルク語のような「腹」というより、「目」が男女の結びを含む接点のイメージとなっている。

実際、季節の儀礼食の「結び料理」（中央に切れ目を入れる結びコンニャクや「喜こぶ」に通じる結びコンブなど）、季節の節目で食べるお節料理、儀礼的に使われることもあるお結び（産霊［むすび］にも通じる）など、「目」や「結び」に関連のある料理も多い。儀礼食の結び料理が、人生・季節・男女の対面と結び・多産と豊穣に関連がある料理であることは明らかである。それは、先に記した西洋の結婚式のウェディング・ケーキに男女の結合（性・多産）と豊穣（穀物）の意味があったのに似ている。

(2) パブとカフェ

さて、日本でもフランス風のカフェ店が増えているという。カフェはコーヒー、紅茶だけでなくワインやビール、軽食も楽しめる場である。

コーヒーは、一三～一四世紀に東アフリカのエチオピアからアラブ、エジプト、トルコ帝国、インドにまで広がった。一六世紀に、ベネチア商人を通してコーヒーや茶がヨーロッパにも入る。ヨーロッパ諸国による植民地の拡大に伴い、ジャワ（オランダ）、アンティレス諸島（フランス）、中南米（スペイン、ポルトガル）に植民地がつくられるようになり、そこから輸入されることで消費量は拡大し、ヨーロッパの食事文化は大きく変化することになる。コーヒーは一六四三年にパリのマーケットで得られたが、肝臓強壮剤、心臓活性剤、胃腸剤、癌病防止用の医薬品として受け入れられた。一六七〇年代には、フランスとイギリスにコーヒー店が出現し、その後、ドイツ、イタリア、スペインへと急速に普及した。[12]

イギリスを例にとれば、それ以前の暮らしの中心は、コミュニティ（キリスト教会を中心とした教区）のパブであった。パブは、その中心の教会に隣接して設けられ、今でも日常の暮らしで重要な社交の場となっている。結婚式の会場になることもあれば、飲食の場でもある。子どもには制約があるが、子どもの遊び場もあり、そこに子ども連れで食事に行くこともある。

コーヒー店が普及するのは、一七八九年のフランス革命前後といわれる。このころ、フランスでは人口の二割くらいの人びとが利用していたという。若者たちは、仕事を終えると、家族・隣人たちの夜の語らいの場であったパブよりは、自転車に乗り、町のカフェや居酒屋へ出かけるようになった。フランスでは、コーヒー店は当初、上流階級の談話の場であったが、パリのような大都市に住む労働者にとって、カフェや居酒屋は生活に不可欠な場となった。一八七七年に選挙制が導入される頃になると、カフェや居酒屋は選挙権をもつ男性たちが政治の議論に熱中する場となった。

イギリスにも、コーヒーは一七世紀末に普及し、その後、コーヒー店は、コーヒーを飲み、新聞を読み、ビジネスをする場になった。さらに一九世紀以降、主に労働者階級が幅広い種類の食事をする店となり、アルコールを出すパブから区別されるようになった。[13] ただし、イギリス人が紅茶好きであることはよく知られている。紅茶は、中国や植民地インドを経てヨーロッパに伝えられたが、イギリスでは一八二〇年代から工場労働者の間で、ビールやワインに代わる飲み物として重要になり、パンに紅茶が定番となっていった。

その背景には、東インド会社に北アメリカでの販売の独占権を与えようとしたイギリスに抗議し、当時イギリスの植民地であったアメリカの人びとが、ボストン湾に停泊中の東インド会社の船を襲って紅茶箱を海に投げ捨てたという、いわゆる「ボストン茶会事件」がある（この事件はアメリカ合衆国の一七七六年の独立を象徴するものであった）。アメリカでは紅茶の不買運動が広がりコーヒー党が多くなったが、逆にイギリスでは紅茶党が増え、それが今日まで続いているとされる。いずれにせよ、イギリスでは、「ティー」が食事の代名詞になるほど日常生活に浸透している。

（3）レストランの発達

ヨーロッパにおけるレストランの発達過程は、パブやカフェ店（コーヒー・ショップ）とよく似ている。スパングの『レストランの歴史』[14]によると、フランスでは、フランス革命以前、それはレストラトゥールの部屋（健康の館）と呼ばれていた。それは英語のrestore（回復）に相当する言葉で、体調を回復させるための食事（特に肉汁のスープ）を提供する、ある種のヘルス・センターであった。したがって、仕出し屋とも深いつながりがあった。一七八九年のフランス革命後、レストラトゥール兼仕出し屋が当たり前になっていき、健康によい食事を提供するレストラン（レストラトゥール）の看板を掲げるようになる。また、革命で貴族制が崩壊すると、そこで働いていた熟練料理人たちが市中で働くようになった。

フランスに発祥した当初のレストランの特徴の一つは、アラカルト・メニューの発達である。もともと治療の場であったレストラトゥールでは、個々人の病状に合わせたメニューと個室が必要であった。紙に印刷されたメニューによって、好きなメニューを選べるようになり、支払いをそれまで当たり前でなかった割り勘に切り替えることができた。それは、フランス革命以後の個人主義の理念にも適っていた。[15] メニューはまた、旅行者にとっても都合がよかった。交通が発達していない時代には、地域のキリスト教会が旅行者に宿と飲食物を提供していた。鉄道が発達して遠方から来た旅行者は、メニューで自身の郷土料理を選ぶこともできたからである。

レストランはまた、スパンクによると、個室があったためプライバシーを守る場とも考えられており、一九世紀まで、男女の密会や犯罪者の隠れ家にもなったという。しかし、一九世紀前半には、フランスでは、食事は家庭でするものという常識が変化し、夫婦・家族が食事をとる家庭の延長の場へと移行した。

（4）出会いと飲食

こうして西洋における飲食店の歴史の概略をまとめてみると、それが都市化、産業化、資本主義化や交通の発達に伴う植民地主義とも重なる、グローバル化の現象の一部であることがわかる。カフェもレストランも、そして現在のビストロやカフェ・レストランも、農村共同体的な価値観から個人主義へと変化するのに合わせて変化した、新たな社交の場である（アメリカにはレストラン・ビジネスと呼ばれる社交もある）。

しかし、その変化は一様ではなかった。実際、パブリック・バー、ビヤホール（ドイツ）、居酒屋のような、アルコールを主体とする場では静かに飲むことを期待されていない。それに対して、当初、貴族の社交場とか健康回復の場とされていたカフェ（コーヒー・ハウス）やレストランでは、静かにふるまうことが期待されている。そのマナーは、一九世紀のレストランに関するスパングの、「客は皆、観客として代わる代わるお互いを注意深く見ていたが、自分も監視されているかもしれないと認めることはめったになかった。レストランでは、皆が皆、上品にも目立たぬようとして観察し、軽率にも無頓着に演じるのだった」[16] という言葉に集約される。

互いの視線を避けてプライバシーを守るというマナーは、基本的に現在のカフェとレストランにも当てはまる。

いずれも、パブや居酒屋よりは、顧客間の親しみのなかにも、他人性が同居しているといえるだろう。コーヒーも紅茶も味は苦いが、砂糖で甘みをつける（今では甘みを加えず飲む人も多いが）。コーヒーは美味しいが飲みすぎは戒められる、快楽と罰という両面性を備えた飲料である。

ここで筆者は、コーヒーや紅茶が、味だけでなく歴史も、すでに述べたチョコレートと似ていることに、再度注意を促しておきたい。コーヒーも茶もチョコレートと同様、西洋の植民地主義的海外進出の結果として西洋にもたらされた飲料であり、現代でもグローバル経済における生産国と消費国の不均衡による南北問題の一因となっている。[17]

砂糖について、ポリティカル・エコノミーの視点から同様の問題を論じたのは、文化人類学者のミンツ(Sydney Mintz)であった。[18] もちろん、コーヒーも茶も、砂糖の歴史と密接なつながりがある。

九世紀には、砂糖はイスラム世界で広く普及するようになり、菓子の全盛期が訪れた。イスラム世界では原則として飲酒が禁止されていたので、菓子が発達したのである。しかし、西洋では、イスラム世界から輸入されていたものの、砂糖は医薬品以上のものではなく、北ヨーロッパでは、一三世紀までには地中海地方からもたらされた砂糖が王朝に普及していたが、一七世紀までは、主に果実と蜂蜜から甘みがとられていた。一五世紀から西欧人の海外進出と植民地侵略によりスペインとポルトガルが海外に砂糖黍《さとうきび》のプランテーションを開始すると、シナモンなどの香辛料などとともに、砂糖がイギリスにも徐々に一般に普及し始めた。特に、オランダがブラジル東北部とカリブ海の諸島に砂糖黍プランテーションを開き、大量に砂糖が流入するようになると、急速にヨーロッパでの消費量が増えた。イギリスでは、一五世紀から一七世紀の二〇〇年間に砂糖の消費量が四〇倍になり、さらに、一八世紀の最初の四〇年間で、その消費量はその二倍にもなったという。一六六三年から一七七五年の一一二年間で見ると、イギリスの砂糖の消費量は約二〇倍に増えたが、その間の人口増加は二倍であったというから、いかに砂糖の消費量の増加が急激であったかがわかる。西洋においてグルメ化が進んだのはいうまでもない。それまでにパンにはジャムが付き、一緒に飲むポリッジ（オートミールのお粥）とミルクはコーヒーや紅茶に代わった。ティー・ブレイクやコーヒー・ブレイクの慣習は、そのいずれにも砂糖を伴うため、その消費を増加させた。

特筆すべきなのはデザートである。[19] 専門の菓子職人のつくる菓子ないしスイーツには、大量の砂糖が必要であった。専門菓子職人（フランスではパティシエ）は「紀元二世紀のローマでは、法律で職を保証されていた」といわれるほど伝統がある。菓子は祝祭日だけでなくデザート菓子でも必要で、冷たいもの（アイスクリーム、シャーベット）、煮物（煮た果実）、加熱したもの（ケーキ、シュークリーム、スフレ）など多様な種類がある。

祝祭日の食物は季節の変わり目に、そしてデザートは正式の食事（meal）の前後に出される「甘い」食べ物である。別稿でも指摘したとおり、[20] 前菜も食前酒もデザートも正式の食事（meal）の入口と出口という時間の「境界」で食べられる、軽くて甘い女性的な食べ物と見ることができる。その点で、先にふれたパンケーキやチョコレートとも共通性がある。

5　コミュニケーションの場としての飲食

イギリスの紅茶がティー・ブレイクに飲まれるように、時間や空間のブレイク（間）の飲食物として、ケーキも菓子も砂糖も紅茶・コーヒーも欧米諸国を中心に普及したと考えることができる。カフェもレストランも、そうした時間と空間の狭間（日本でいえば辻）にある飲食の場であり、人と人の出会いと合流の場（間あるいは接点）であるという共通点がある。先に記したように、確かに、食のグローバル化により欧米諸国の食文化は大きく変化した。しかし他方、「甘さ」（広くは飲食全般に拡大できるだろうが）が友好的な人間関係を結ぶ「伝統」そのものは、飲料を伴う出会いと社交の場、つまりパブ、カフェ、レストランなどの人びとの集合点（中心・境界）、あるいは飲食を媒介とするコミュニケーションの場として創造され、存続し続けたと考えることもできるのである。

【参考文献】

（1）モース、マルセル『贈与論』（有地亨訳）弘文堂。（ちくま学芸文庫版、吉田禎吾・江川純一訳、筑摩書房）、2009

（2）河合利光「食と文化」河合利光編著『比較食文化論—文化人類学の視点から』建帛社、2000

（3）Martin, Louis, 1989, *Food for Thought*. Baltimore and London: The Johns Hopkins Press.

（4）Arnott, Margaret Louise, 1975, The Breads of Mani. M.L..Arnott ed., *Gastronomy: The Anthropology of Foods and Food Habits*. Paris: Mouton Publishers.

（5）土居健郎『甘えの構造』弘文堂、1973

（6）Edwards, Walter, 1989, *Modern Japan Through Its Weddings: Gender, Person, and Society in Ritual Portrayal*. Stanford and California: Stanford University Press.

（7）ステファンソン、ハルドル「日本の若者たちのバレンタイン・デー」（宮下嶺雄訳）宮田登編『談合と贈与』小学館、1997

（8）Terrio, Susan I., 2000, *Crafting the Culture and History of French Chocolate*. California: University of California Press., pp. 247-248. Beardsworth, A. and T. Keil, 1997, *Sociology on the Menu*. New York: Routledge, pp.249-250.; Rozin, 1976, Sweetness, Sensuality, Sin, Safety, Andsocialization: Some Speculations. J. Dobbing ed., *Sweetness*. International Life Sciences Institute Symposium. London: Springer-Verlag.

（9）Terrio, Susan I., 2000, *Crafting the Culture and History of French Chocolate*. California: University of California Press. p.248.

（10）Moore, Ellen E., 2008, *Raising the Bar: The Complicated Consumption of Chocolate*, edited by Lawrence C. Rubin, *Food for Thought*. North Carolina and London: McFarland & Company, Inc.. オフ、キャロル『チョコレートの真実』（村陽子訳）英治出版社、2007、八杉佳穂『チョコレートの文化誌』世界思想社、2004

（11）河合利光編著『比較食文化論—文化人類学の視点から』建帛社、2000, pp.66-84.

（12）Montanari, M. *The Culture of Food.* John Wiley&Sons. pp.124-125.

（13）Beardsworth, A. and T. Keil, 1997,. *Sociology on the Menu.* New York: Routledge, p.105.
メネル、スティーブン『食卓の歴史』（北代美和子訳）中央公論、1989

（14）スパング、レベッカ、L・『レストランの誕生』（小林正巳訳）青土社、2001

（15）Berdsworth, A. and T. Keil, 1997, *Sociology on the Menu.* New York: Routledge.

（16）スパング上掲書、2001, p.366.

（17）ポリス、ジャン=ピエール『コーヒー、カカオ、コメ、綿花、コショウの暗黒物語―生産者を死に追いやるグローバル経済』作品社、2005

（18）ミンツ、W・シドニー『甘さと権力―砂糖が語る近代史』（川北稔、和田光弘訳）平凡社、1988, Mintz, Sydney W., 1996, *Fasting Food, Tasting. Freedom: Excursions into Eating, Culture, and the Past.* Boston: Beacon Press.（第6章）

（19）湯浅赳夫『フランス料理を料理する』洋泉社、2002

（20）河合利光「序章・異文化の学び方」河合利光編『食からの異文化理解―テーマ研究と実践』時潮社、2006

Column 2

文化人類学教育と食のフィールドワーク

奥野　克己

筆者の専攻している文化人類学では、外国での長期のフィールドワークと異文化体験が、研究者になるための登竜門とされる。しかし、学部の学生にも、何らかのフィールドワークの実習が求められる。世界各地の国際情勢や社会文化に関する講義を聞くだけでは、自身で収集したデータに見出した驚きの体験や、そのデータを糸口にして仮説や理論を導き出すプロセスの面白さを実感することは難しい。現実を体験してこそ、この分野を学ぶ意義も理解できることになるだろう。

勤務先（京都文教大学）には文化人類学科があり、筆者もフィールドワーク実習の担当教員の１人になっている。それで、テーマに「食」、特に「食とコミュニケーション」を選んだ。中東地域をフィールドとしてたびたび出かけるエジプトは、カフェの発祥地である。国内であっても、食市場、飲食街、儀礼食、カフェ店、家庭の食など、食のテーマは学生に人間と文化、日本と外国との接点を実感させるための格好の文化人類学のテーマとなる。

とはいえ、学生が外国に直接行って、調査してから国内と比較するのは無理があるし、国内でカフェやレストランやコンビニエンスストアを調査するのも、学生の学びの「フィールド」としてはやっかいである。長期のアルバイトでもしていれば話は別だが、いきなり行って「ちょっと聞かせてください」とお願いするのは、学生にとって、恋よりも至難の業であろう。

ただし、学生たちはカフェ・チェーン店やファミレス、コンビニは日頃利用しているので馴染みがある。そこで大学１年次（３年次の演習でも行なうことがある）では、京都の地を活かして、毎月催される東寺の「弘法さん」や北野天満宮の「天神さん」の縁日（青空市場）でミニ・フィールドワークを行ない、この定期市をデパート、スーパー、コンビニなどと比較研究させることにした。そのために、ディズニーランドに行って観察してきた学生もいる。

ある学生は、「コンビニにはあるが他にはないもの、それはアダルト本」と気づいた。その学生が報告した「発見」には、笑いとともに女性からの突っこみがあった。アダルト本は、セクシュアリティ（性）という重要なテーマにつながり、男である「自分」に直面させることになった。そして、彼は、文化人類学の、また臨床哲学の「なぜ」の大きな入り口に立たされたのである。

北野天満宮の縁日

フィールドワーク中の学生

3 国際化のなかの食文化

1 生存と食糧生産

(1) 命を支える食

ニューギニアの高地南部に住むフォレ人の間の風土病としてクールー病は、よく知られている。[1] 一九五〇年代、オーストラリアの役人、伝道師などがこの地を訪れるようになり、彼らがクールー(震えとか魔術の意味)と呼ぶ病気に出会った。特に成人女性に多い病気で最初は発作的な震えを感じ、やがて歩けなくなって分別のない笑い声をあげ、最後には死に至る。医師たちは遺伝子的要因や栄養不足などの可能性を探ったが原因は不明であった。ある人類学者が、フォレには、葬儀の終了後に死者の肉、内臓、脳が野菜と一緒に料理され、主に女性親族がそれを食べる慣習があったという事実をつかんだ。その後、一人の医学者がクールー病で死んだ女性の脳をチンパンジーに植え付けて、実験的にその病気を発現させるのに成功した。[1]

これはよく知られた、食人(カニバリズム)とそれから生じる病気の一例である。見方によっては、現代でも、間接的にせよ、私たち自身に起こる可能性のある問題である。かつてレヴィ=ストロースは、イギリスにはじまり世界で起こったBSE(牛の骨と臓器を飼料として牛に与えたために起こった海綿状脳症)を論じて、肉食そのものが食人の一形態だと論じたことがある。[2] 仮に人間も動物も世界に存在する生命の総和の一部であるとすれば、狩猟民も漁師も現代の人びとも、人間から動物を区別することで他者の肉を食べるが、その実、自身を食べていることになる。

この東洋思想にもみえる生命循環の思考は、おそらく南太平洋の人びとなら同意するだろう。ミクロネシアのチュークにはアニプン（土を食べること）という言葉がある。それは、人間も動植物も土から生えて、死ぬと土になり、そこから再び生えた作物を食べて生きるという意味である。動植物も人間も同じ命をもつが「かたち」を異にするにすぎず、食べて生きることはカニバリズムの連鎖に等しいと考えている。

人間が狩猟採集民の時代から、牧畜・遊牧文化、および農耕文化（麦作農耕文化、根栽農耕文化、雑穀農耕文化、トウモロコシ農耕文化という四種類の類型に区別される）を発達させ、さらには複雑な都市文明が成立し、後に産業社会が成立したのは、無条件に人間の知性の勝利と考えられた。しかし、今や、技術の発達が、すなわち暮らしの進歩であったかどうかを疑う人もいる。

たとえば、狩猟採集民の食事と健康は、現代人が信じている以上に良好であったことが明らかにされている。狩猟採集民は、農耕民ほど定期的な飢饉に襲われなかった。食材の種類の幅が大きいので、特定の栄養が不足することもなかった。人口密度が低く、小グループで移動生活をすることから、伝染病も広がらず、寄生虫の保有率も低かった。また、アクティブな活動と低脂肪の食事をとるライフスタイルのおかげで、心臓疾患のような慢性病が少なかった。(3) 生命が自然界を含む世界を循環する生命の総和であるとすれば、人間の食の生産と消費は、その生命が体内を循環する一過程である。その立場からすれば、はたして、狩猟から農耕や牧畜への食糧生産の移行が、本当に進歩だったかどうか疑われてくる。

（2）人間・食・病気の適応とグローバル化

「人間は他の生物を食べて生きるため、自然を知性の力で克服することにより勝者になった」という生存競争と適者生存のダーウィニズム的図式は、私たちになじみの深いものである。けれども、先にも述べた南太平洋の人びとの考え方にも似て、動植物とそれを食べて生きる人間同士の「食物連鎖」を、生命の相互依存と循環という共生の思想として理論化しようとしている人びともいる。

集団の個人の協力と相互扶助を重視する考え方は決して新しいものではない。それはいわゆる東洋思想にも共通する思考であったし、日本人研究者の思想的な流れとしても存在する。メラネシアのトロブリアンド諸島の研究で有名なイギリスのマリノフスキーは、すでに一九四四年の『文化の科学的理論』[4]で、ダーウィン的図式に異論をとなえ、機能主義的立場から、文化装置の安定と活力を維持するための相互的競争を「生存価値」(survival value) と呼んだ。

近年、環境、動植物、病気、人間の相互依存を重視する多様な理論が提唱されるようになった。たとえば、それらの生態的適応的発展を重視する共進化論 (coevolution) を唱える人びとは、身体・自然・社会文化の断絶よりは相互的適応性を重視する。人類の社会文化のグローバル化は、人口増加と食糧生産、生命の連鎖・循環のバランスとアンバランスの修復の問題であり、人間、動植物、病気は、相互に依存しあうと彼らは主張する。

その一人、クラークによると[5]、約一〇〇万年前、私たちの遠い祖先のホモ・エレクトスが東アフリカを去って世界各地に移動し、文化でもって環境に適応した。人間はそれぞれの地域で動物を家畜化し、農耕を開始することで人口も増加したが、病気による死亡率もまた増加した。都市化が始まると、都市は墓場に変わった。紀元前四三〇年のアテネの疫病（詳細は不明だが、市民の四分の一から三分の一が病死した）や一四世紀のヨーロッパの黒死病のような新たな病気も共進化してきた。地域に住む人びとは、病原菌に適応しなければならなかった。よく知られた例は、変形鎌型血球の変形遺伝子をもつ西アフリカの例である。この遺伝子は、貧血を引き起すが、マラリアから保護するという利点がある。北西ヨーロッパでは四三〇〇年前に流行した病気があったが、その結果ヨーロッパにはＨＩＶに対して免疫をもつ人がいるという。人口増加、人間移動に伴う環境の変化、開発、紛争のような破壊や混乱が生命循環のアンバランスを惹き起し、感染病を出現させる。

自然環境、家畜、病気、人間の相互性と共進化はグローバル・ライフシステムと呼ばれるが、もちろん研究者によりさまざまな立場がある。しかし、文化、食糧生産の変化、遺伝子が相互に密接な関係があることを指摘している点で、共通点がある。

同様の立場から壮大な人類史を再構成した進化生物学者のダイヤモンドは、近年日本でもよく読まれた『銃・病原菌・鉄（上巻）』[6]のなかで、ニューギニア高地人の食人の原因を、タロイモとサツマイモを主に食べ、魚のとれない高地の食生活における蛋白質不足に求めている。だとすると、クールー病をグローバル・ライフシステムの一例と推測することもできる。その病気は、フォレ人の身体、食糧生産、生態の相互のアンバランスを補うために導入されて混乱を引き起こした（あるいは逆に既成のバランスが崩された）現象と見ることもできるからである。

クラーク等のいうグローバル・ライフシステムは、決して過去の人類史だけの問題ではない。世界中で一九一八年から一九一九年の間に、二一〇〇万人が死亡した大インフルエンザ、一九世紀に流行したコレラ、二〇世紀後半以降のＨＩＶ（それに鳥インフルエンザやＳＡＲＳなどを加えることができるだろう）の流行など、多くの病気が船・飛行機・鉄道といった交通の発達、食糧生産のための熱帯雨林の伐採、世界の人、物、情報の急速な移動と交易による拡大に影響があった。だとすれば、グローバル・ライフシステムは、食の生産、流通、消費、健康と生命維持、社会・文化の変化とそれへの適応と、直接的に関わる食文化の問題でもある。

2　食のグローバル化と適応戦略

(1) 食材の源流とグローバル化

あらためていうまでもなく、私たちの食べる食糧の多くが外国から輸入されている。当然、外国から輸入された野菜や食品の汚染問題、漁業資源の操業規制など、国家間での問題も多発するようになった。そのグローバル化による食の交流は、おそらく人類の歴史ほども古いが、ここで、私たちと直接関連のある作物の起源・伝播・受容の過程の事例をあげておく価値はあるだろう。

コロンブスが上陸した頃の北アメリカで、現地の先住民が主食としていた「三姉妹」は、トウモロコシ、かぼちゃ、豆であった。いずれもヨーロッパには知られていない品種であり、特にトウモロコシは、彼らのカロリー摂取量の三分の二を占めていたといわれる。トウモロコシはメキシコから中部アンデスが原産とされるが、三世紀頃に北アメリカに広がり、新しい品種が開発されていった。

ニューメキシコのプエブロ人では、トウモロコシは母なる大地と天の男性（太陽と雨）の結合により創られた作物で、人間はそのトウモロコシからできたと信じられていたほど、貴重な作物であった。トウモロコシから菓子、ポップコーン、粥、スープなどの多様な食文化を発達させ、さらに、それをもとに、有名なイロクォイ同盟という複雑な政治的連合体が形成されていた(7)。

コロンブス以来、トウモロコシは世界に広まったが、すべて順調に導入されたわけではない。ヨーロッパでは、当初、トウモロコシはイスラムの食べ物と見なされ、自分たちの食べる小麦と対置させて排除した。今日でも、ヨーロッパの多くの地域では、スープ以外に食べることは少なく、むしろ動物の餌と見なされている。

南米原産の典型的な作物は、ジャガイモであった。[8] ジャガイモは、アンデスの標高三〇〇〇〜四〇〇〇メートルの高地で栽培されていた。スペイン人がここに進入したとき、アンデスでは一五〇種が知られていたという。十分な量を食べれば、ジャガイモだけで必要な栄養を得られ、四〇〇〇メートルの高地でも生育の可能な品種もあった。

しかし、ジャガイモには毒素のある部分があり、適切な処理をしないと、食べられなかった。また、イモ類というより、ナス、トマト、トウガラシなどナス科に属する植物である。そのため、欧米に導入され食として定着されるまでには、相当の困難があった。

ジャガイモだけでなく、同じく葉に毒性のあるメキシコ起源のトマトも、性的興奮剤のような医療用に使われるか、観賞用植物として受け入れられたにすぎなかった。それは、ジャガイモもトマトも、その形がキリスト教の創造神話に出てくるエデンの園の禁断の木の実であるリンゴや、マンドレーク（地中海地方のナス科の有毒植物で、妊婦に薬効があると信じられていた）に似ていたためといわれる。ジャガイモは「地下のリンゴ」、トマトは「黄金のリンゴ」ないし「愛のリンゴ」と呼ばれた。トマトもジャガイモも一八世紀には次第に貧しい家庭に浸透していくが、イギリスの場合、一七五二年に、コショウ、酢、塩その他のスパイスを入れて混ぜたスープとソースの中にトマトを入れる料理が出現したという記録があるという。

ジャガイモは、西洋では一八世紀以降、スペインからフランス、イギリス、ドイツなど北ヨーロッパ全体に広がっていった。ジャガイモは不毛地帯でも容易に栽培できる。そのため、戦争や飢饉が起こるたびに広がった。山本紀夫の著書『ジャガイモのきた道—文明・飢餓・戦争』[9] の副題に端的に示されているように、ジャガイモは、北ヨーロッパの飢饉や戦争に深く関わる食であった。たとえば、ドイツでは、一六世紀の末に伝えられ、飢饉と戦争が起こるたびに人びとを飢えから救ったが、ジャガイモは家畜の飼料として使われていたにすぎなかった。

しかし、一七七〇年代の大飢饉とその後の戦争をきっかけとして、本格的な栽培が始まり、一九世紀前半の人口急増を支えて、ドイツの一般民衆の食生活に浸透していった。一八世紀から一九世紀半ばまでに、食物の中心は穀物の粥からジャガイモに大きく転換したという。

とりわけ、イギリスの隣にあるアイルランドでは、早くから食べ物として受け入れられ、一九世紀には、特に貧しい家庭で、主食と言えるほど普及した。一八四五〜一八四六年に起きたアイルランドのジャガイモの疫病による不作により、その後の一〇年間で一〇〇万人が死亡し、それがオーストラリアやニュージーランドへの移民を促す大きな契機となったことはよく知られている。ジャガイモは、政治経済のグローバル化の結果もたらされた作物であっただけでなく、人の移動のグローバルを促した食品でもあったのである。

(2) 経済のグローバル化と食生活の変化

ところで、現代の食と食文化のグローバル化は、一層激しくなっている。大量消費社会が出現して、輸入野菜や輸入食品が増加し、富める国と貧しい国の格差もますます広がりつつある。国際間のさまざまな資源確保の問題が生じただけでなく、エビ、マグロなどの輸出用の養殖産業のためのマングローブの開発などによる環境破壊が心配されるようになって久しい。二〇〇二年には、国家間の貧富の差が七〇倍にもなったと報道された。東アジア・太平洋地域では、経済の向上により一日一ドル以下で生活する貧困層が減少したという統計はあるが、それでも一〇億人弱の人びとが、まだその水準で暮らしている。

自給自足的な暮らしが可能であれば、現金収入が少ないことがそのまま貧困や飢餓と結びつくわけではないが、ますます資本経済化しつつある現代では、それは切実な問題である。一九八二年に書かれた鶴見良行の『バナナと日本人―フィリピン農園と食卓のあいだ』[10]は、豊かな消費生活を享受する「先進国」の日本と、それを輸出で支える生産国の経済格差を描いて大きな反響を呼んだ。そこにはまた、フィリピンから日本に輸出されるバナナ産業が、外国資本の多国籍企業に独占されるまでの歴史的経緯と、そこで働く人びとの苛酷な現実が描かれている。

筆者は当時その本を意識していたわけではないが、既述のように、たまたま学術調査のため、その本の出版された二年後に、その舞台であるミンダナオ島の、北部ブキドノン州を訪れることになった。筆者が滞在したのは、ブキドノン高原にあるマライバライ市の一画で、トウモロコシ畑、バナナ農園、パイナップル農園、水田、畜産場の広がる、のどかな農村地帯であった。筆者は一九八〇年代に三回にわたり当地を訪問したが、確かに政情は

写真1　北部ブキドノン州にある多国籍企業所有のパイナップル農園

写真2　ミンダナオ島ブキドノン州のマライバライ市にあるたこ焼の屋台。市内のあちこちに見られる。焼き方は日本のたこ焼に似ているが、コップの中にある酸っぱくしたココナッツ・ミルクにつけて食べる

安定しているとは言えず、滞在中にも当地での殺人、自殺、テロなどを見聞きした。事実、後に一九八四年のブキドノン州に関する統計資料を見て、銃殺・殺人が、肺炎に続いて死亡原因の二位となっているのを知り、驚いたことがある。(11)

この地は、日本向けのバナナやパイナップルを輸出する生産地の一つである。それでも彼らの一般の人びとの暮らしがとりたてて悲惨であるようには見えなかった。これは当地でも相対的に余裕のある家庭のお世話になったせいもあるかもしれないが、トラクターなどが入り、また、橋の土木工事も行なわれていて、当時は活気があるようにさえ見えた。また、筆者が滞在したのは、この州に住むいくつかの民族のうちでも、マライバライ市北

写真 3　フィリピンのサリサリ料理。サリサリは、ごった煮の意味である。ちなみにサリサリ・ストアは雑貨店のことである。ライスが重要な食で、スプーンとフォークを使って食べる

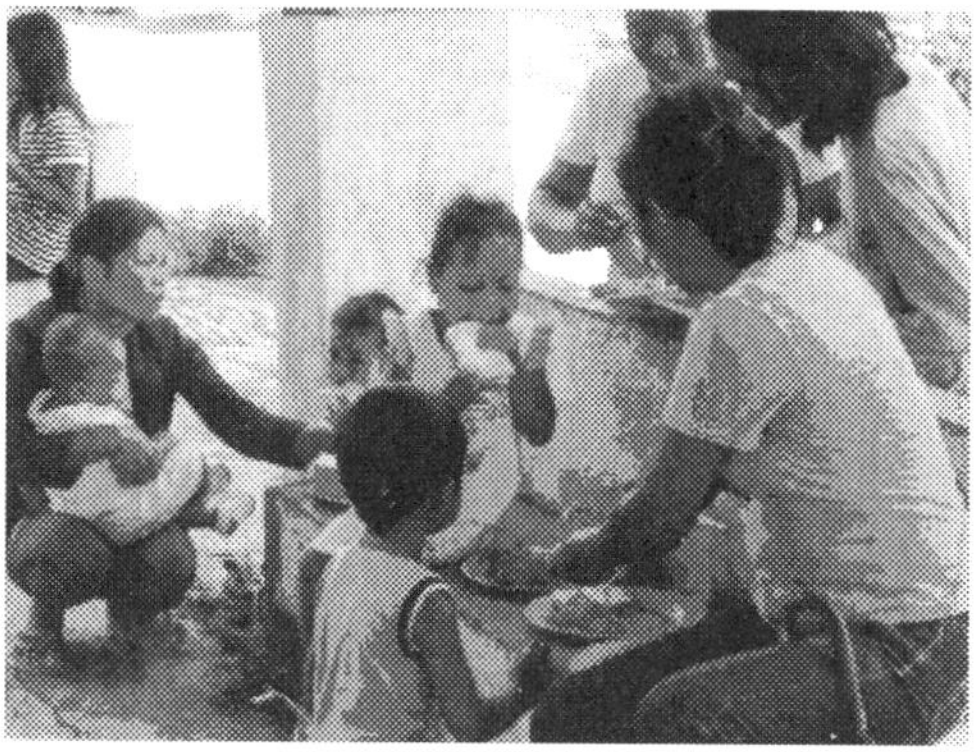

写真 4　貧困家庭に呼びかけて子どもに昼食を提供する栄養指導センターの職員と、母親たち（ブキドノン州マライバライ市）

部に一九〇〇年頃から入植したブキドノン人（山の民の意味で伝統的には焼畑耕作を生業としてきた）の多く住む移住村であった。とはいえ、当時は、鶏や豚をカミに捧げるさまざまな伝統儀礼が頻繁に行なわれていた。

二〇一〇年の夏、筆者はここを二二年ぶりに訪れたが、ここの暮らしも、すっかり近代化が進んでいた。周辺に多くの公的機関の建物が新設されていただけでなく人口もほぼ二倍に増え、筆者がかつて滞在した家庭には、日本の一般家庭にある、ほとんどの電化製品が揃っていた。多くの家庭では、どの人も携帯電話を持ち、パソコンも普及していた。テレビでは、輸入された英語番組だけでなく、日本の人気漫画が英語に吹き替えられて、あるいはそのまま英語の字幕をつけただけで放送されていた。

他方、小規模の農業だけで、現金収入が少ない人びとも多い。職があっても、一般にきわめて賃金が安く、暮らしは困難である。祖父の年金だけで暮らす家族もある。筆者の滞在したマライバライ市北部の一地域の統計によると、その全人口の三三％が栄養不足であるが、その中には八六％が生存闘《いき》に近い収入しかない場所もある。大都会や外国へ出稼ぎに行く人も増え、共働き家族も急増したため、両親が子どもの面倒を見る機会が減少し、そのためもあってか、子どもの非行の増加が問題になっていた。

また、確かに一九八〇年代よりも労働賃金は向上した（一九七〇年代には一ペソが約三〇円であったが、現在は一ペソ約二円である）が、たとえ比較的恵まれた公務員の家庭でも、収入が教育費や電化製品などのローンに消えることが多い。そのため、そのような家庭でも、豚や鶏を買う余裕がなくなり、伝統的な儀礼を行なう機会が減少した（祈禱師は、まだかなり多い）。

それはデルモンテやドールといった多国籍企業のプランテーションの労働賃金の低さだけに帰せられる問題ではない。現地の人びとの不満は、むしろ大地主制が存在することによる貧富の差とか、政府関連機関への予算比率の偏りのような政府の政策に向けられている（ミンダナオ島には貧困層への土地分配と米国資本による植民地主義的支配の撤廃を求める反政府ゲリラの新人民軍NPAが活動しているが、近年は参加メンバーが減ったばかりでなく和平への動きも見られる)。さらには、農業以外の雇用が少ない半面、グローバル経済の影響がさらに大きくなり、近代化を望む彼らの暮らしの変化が、食費の実質的な低下に拍車をかけているといえる。

以上のように、経済的にも物質的にも以前より豊かになったが、実質的な暮らしと困窮感はむしろ大きくなった。そうした状況は、ミンダナオ島という特定の場所だけではなく、世界のどこにでも生じている問題といえるだろう。

3 「マクドナルド化」と食文化の創造

一九九〇年代以後に出版されたリッツアの『マクドナルド化する社会』[12]やワトソン編『マクドナルドはグローバルか—東アジアのファストフード』[13]では、世界の食のグローバル化と画一化・合理主義の象徴ともいえるアメリカ食文化の海外進出と、それを受け入れた国々のローカルな文化的適応(グローカリゼーション)の実情が論じられた。それらは、マクドナルドないしファストフードという政治経済的問題を、グローバル文化と現地文化とのせめぎあいという視点から論じたという意味で、当時のポストモダニズム論者に共通していた。

しかし、食のグローカル(グローバル+ローカル)化は、見方によっては、決して今に始まったことではない。人類史的視点から見れば、先の「食材のグローバル化」に見たように、あらゆる文化が、時には政治経済的事情から、時には気候変動による生活環境の変化の結果として生じた人と文化の移動、新たな資源の利用、動植物の順化による環境への適応・接触・混合・変化などのグローバルなライフシステムの混乱と変化の結果であったともいえる。

一例として、アメリカの食文化とされるファストフード、たとえばハンバーガーやホットドッグを取り上げてみよう。まず、ホットドッグは、一九世紀にドイツ系移民がアメリカに持ち込んだ食べ物である。ホットドッグは、柔らかい細長のパンに熱いソーセージと玉葱、マスタードなどを加えて挟んだ食品であるが、当初、ドイツの都市のフランクフルトに由来するフランクフルターという名で、町の売り子が"red hot"と呼びかけながら売っていた。当時ドイツ人をダックスフントとして描いた風刺漫画もあり、その後ホットドッグと呼ばれるようになったという[14]。犬肉が挟まれているという噂もたったことがあったというから、フランクフルトと犬との連想は歴史的に存在したとみられる。いずれにせよ、ヨーロッパからの移民のもたらしたアメリカ食であることに間違いはない。

パンで肉（ソーセージ）を挟むという特徴は、サンドイッチ（イギリスのサンドイッチ伯爵の名に由来するといわれる）と共通している。スライスしたパンを最初に売り出したのはアメリカであり、持って歩ける簡便さは、アメリカの開拓精神と合理主義という歴史的に形成された理念を体現しているとされる[15]。けれども、肉（ないしそれと類似のもの）や野菜を指で両側から挟んで食べるという特徴からみると、ホットドッグもサンドイッチもよく似ている。そこから発展してピーナッツ、バター、ジェリー等を挟むタイプもできたが、両側から挟むという特徴は変わらない。実際、アメリカでは、ハンバーガーはサンドイッチと対照されるが、しばしばサンドイッチのなかに含められる。

その意味で、アメリカのファストフードの典型とされるマクドナルドも、パンでハンバーグを挟むという点で、ホットドッグやサンドイッチと共通点がある。肉、ソーセージ、ピーナッツ、ジャムのように、挟む食物には違いがあるが、牛肉や魚を挟むマクドナルドのハンバーガーも、パンで両側から挟むという意味で、ある種のサンドイッチといってよい（ただし、ベジタリアンや健康を気にする人なら野菜だけを好むかもしれない）。

考えてみると、パン（小麦）で肉や野菜を挟むという特徴はパイにも、もともとあった。パイは小麦の練り粉の中に肉や野菜など雑多な食材を包んで焼いた料理（または菓子）である。この場合、肉や野菜を両側から小麦粉で挟むというよりは「包む」のであるが、小麦の練り粉で周囲（上下・左右の側）から囲んで「挟む」イメージと考えて、さしつかえないだろう。

アメリカでは、中に入れた果物・ジャムなどの中身が見える小さな丸パン（タルト）をオープン・パイと呼ぶ。タルトは、パイから区別されながらパイの一種と見なされる。タルトなどのケーキや菓子をつくる小麦の練り粉のペーストリーの語源（古フランス語）そのものにパン（ペースト）の意味があったが、現在でも、菓子の練り皮の意味もあるところから、周辺から内側をパン（皮）で囲む（挟む）イメージを読み取ることができる。

パンないし小麦粉で内側の食物を挟む、あるいは囲むという特徴は、さらに言えば、コース料理にも観察することができる。西洋料理のコース料理では、メイン料理を、始めの前菜（ないしアペリティフ）と最後のデザートで両側から「挟む」。前菜もデザートも、正式のメインディシュの両側にあり、先に「赤頭巾ちゃんのパンケーキと小さな壺」のストーリーで見たように、正式の食事（meal）からは区別される軽くて甘い食べ物である。メインディシュは肉類がふつうであり、パンや野菜は、どちらかといえば脇役で、食べ易くするための補助食である。

多くの研究者が指摘したように[16]、男性の狩猟や牧畜と結びつく獣肉は、古代から西洋では、暴力、攻撃性、男らしさ、情熱、強さの象徴であった。キリスト教の聖体拝受の儀式のパンがキリストの肉とされるから、パンにもある種の「肉」の意味がある。しかし赤肉に比べると、生命力、純血、従順、清潔、弱さ、女らしさの意味をもつ白肉（魚、鶏肉など）や野菜に近い。パンもまた重要ではあるが、多産、豊穣、命の糧といった女性的特性をもつとされる食物であった。特に、小麦からつくられる柔らかくて白いパンは、かつては、庶民の固い黒パン

表1　フィリピン（マニラ）のマクドナルド店のメニュー

時間帯	メニュー	備　考
朝	モーニング・セット（ライス＋コンビーフまたはスパゲティ＋鶏肉）	スパゲティにはミートソースをかけ、比較的甘い。
昼	スパゲティ＋鶏肉のセット	飲み物には、コカコーラ、ピーチパイ、アップルパイ、ホットコーヒーがある。
夜	スパゲティ＋鶏肉＋ハンバーグ	フライドポテトがつくが、何をつけて食べるかは気にしない（参考：アメリカではケチャップ、オランダではマヨネーズ、日本では塩をつけて食べることが多い）。

写真5　マニラのケンタッキー・フライドチキンの店内。ライスと鶏肉に、飲み物としてジュースがよく飲まれる。写真のスプーンとフォークでの食事の仕方は家庭での食事のマナーに通じるものである。

から区別された。

赤と白、強さと弱さ、男性と女性、暴力と平和のような、食に見られる二元論は、動物肉（特に赤肉）を野菜と対照させるという食材の特徴でもある。コース料理で添えられるパンや野菜は、肉との関連でいえば、赤肉を周辺（両側）から囲んで（つまり、挟んで）食事を補助する（白くて柔らかい）女性的な食べ物と考えることができる。繰り返せば、それは、肉類や野菜を包んだり挟んだりするハンバーガーやサンドイッチのパン（小麦粉）の特徴でもある。

同様のことは、ケンタッキー・フライドチキンやマクドナルドのようなグローバル企業が進出している上述のフィリピンについてもいえる。表1は、筆者がマニラのマクドナルド店について聞き書きして整理したものである。表1のように、その利用法は独特である。マクドナルドの場合、一般に、「ハンバーガー＋ポテト＋飲み物」が基本なセットであるが、ハンバーガーはおやつと考えられており、ライスが付くと食事扱いになる。サラリーマン層の利用が多く、夜の一〇時まで開店している。表中に朝、昼、夜ともスパゲティが出てくるのは、それがスペイン統治時代以降、祭日に食べる食事（ハレの日の食事）の意味を与えられたことに関連があると推察される。

マクドナルドに限らず、ファストフード形式のレストランでは、ライスと鶏肉（あるいは豚肉）が好まれ、スプーンとフォークでもって（時には）手食で食べる姿を、よく見かける。これは儀礼的に鶏肉・豚肉をライスとともに諸精霊に捧げて祈禱する、先に記したミンダナオ島の伝統にも、あるいはスプーンとフォークで食事をとる家庭の食事のマナーにも通じるものである。ファストフード店は新たに導入された食文化であるが、食事とその場やマナーのもつ意味は失われていない。

アンダーソンが指摘したように、料理の体系はレヴィ＝ストロースが考えたほど言語学的な厳密さでもって構造化されてはいるわけではない[17]。個々人の嗜好、たとえば、皿を取り替え、ローソクを添えるだけで、その食事における感じ方や好みも異なる。味、香り、視覚、美意識などと結びついて、実際には、「料理も食事も、言語というよりは音楽や絵画に近い」特徴をもつ。先に「米国の健康モデルの葛藤と変容」でもふれたが、栄養のある赤肉と貧しい人びとの白肉や野菜食と捉える価値観が、現代では逆転しつつあるのもその一例である。その捉え方や料理の種類、好みも、社会や価値観が変化すれば、時代とともに変わる。諸外国の料理と食文化が導入され、その種類も多様化するが、個々人の好みと選択の幅も広がる。しかし、その変化は決して無秩序に起こるわけではない。

明治期の日本の和洋折衷料理の洋食について、『とんかつの誕生[18]』の著者で食文化史研究家の岡田哲が述べたように、日本で創造された洋食である揚げ物料理にも、水を媒体として煮る・焚く・蒸すという縄文・弥生時代の土器文化の系譜に連なる伝統と創意・工夫が生かされている。

それぞれの地域社会、民族文化の食は変化するが、他方でそれぞれの実情と嗜好に応じて、共通のコンセンサスもまた創造される傾向もある。

4　緑の革命と食対抗運動

(1)　食教育

世界の気候変動とエコロジーへの関心の増大、人口増加と食資源の不足、グローバル化による食環境の変化、行き過ぎた近代主義への反省、飽食による健康障害への不安などから、食への関心も各国で高まっている。周知のように、二〇〇五年に制定された日本の食育基本法はその一つの表れである。

しかし、日本では、その受け取られ方もさまざまで、子どもの食事を通した躾から、幼稚園の調理教育、小中学校の家庭科の栄養教育や食管理教育、食を通した国際・環境・地域の体験学習に至るまで、かなりの捉え方と実践の幅がある。ここでその問題を十分に紹介する余裕もないし、マスメディア等を通して周知の事柄でもあるので、ここでは、日本よりも先んじて食教育に取り組んできた、フランスの様子の一部を紹介するにとどめる。[19]

フランスは、もともと食に関心のある国であることで知られているが、すでに一九七〇年代の初頭に、昼食で一日の栄養の半分をとるよう、公立学校を指導していたという（二〇〇〇年には、それを四〇％に改正）。フランスの文部省が、食教育の重要性に気づき始めたのは、一九八〇年代のことである。食事を通して社会性とコミュニケーション・スキルを学び、健康と食の安全性や適切な食事法を学習し、味覚教育を通して、国家へのアイデンティティと文化の維持を図ることを目的としていた。ハイスクールの食事にも、地域行政が責任をもった。一九九一年には、毎年一一月に学校での料理と食育を促す味覚週間が始まった。公立の中学校で専門のシェフが食・料理・食事について教え、レストランでも子どもに割安の値段で伝統食を提供するようになった。

ここで注目されるのは、子どもの健康を維持・増進するだけではなく、グローバル化に対抗し、自文化へのアイデンティティを確立させることに目的があったことである。これは、イタリアに発祥したとされるスローフード運動にも共通性がある。つまり、フランスの食育にも、食のグローバル化に対する反動という側面があったのである。伝統の味の継承と文化の保存という性格が背景にあるのは明らかである。

その図式をそのまま日本に持ち込めるかどうかは判断し難いが、食教育（食育）にグローバル化・国際化への対抗という側面があることは、わが国でも見逃せない。日本人の食生活は疑いなく世界とつながっており、グローバル化が私たちの伝統文化と暮らしに影響を与える要因であることを、それは教えてくれるからである。世界の食を考えることは、日本人の伝統と健康を考えることでもある。

反面、他文化への対抗は他文化の理解と表裏の関係にある。スパゲティが家庭の主な日常食であるイタリアでも、最近、子どもの異文化理解を進めるために、幼稚園から中学校まで、給食で世界各国の料理が出されるようになったようである。

（2）食糧危機と食対抗運動の流れ

高度産業社会が発達した結果、土地の荒廃、資源の枯渇、環境汚染が進み、世界の人口も、二〇一一年には、すでに七〇億人にもなった。さらに、いま生きている人類の生存中にも、地球上の人間以外の種が決定的な衝撃を受けて、地球そのものの生命維持能力が限界に達するという意見もある。いわば、食物を与えてくれる自然とそれに依存するライフシステムの相互的関係が崩れ、決定的な打撃を受けることになりかねない。それに対して、地球維持能力の限界は確かに現実であるが、科学技術の発達が、そうした問題を解決してくれるだろうという、楽観的な見方もある。

こうした世界情勢を反映して、世界にはさまざまな動きが広がっている。ただし、自然環境との共生の試みは、欧米でも今に始まったことではない。たとえば、イタリアでスローフード運動が始まった一九八五年以前にも、欧米には狩猟採集民的な略奪経済や自給自足的な生活をモデルとする生き方を模索する人びともいた。一九八五年に「食と社会」に関する入門書をまとめたコートネイとデワルトの本を読むと、一九七〇年代前半の「現代の採集民」(フォレージャー)の様子が描かれている。[20] 畑、森、芝生、路傍、沼地、小川の辺など、自然界のどこにでもある多くの野生植物(雑草)がビタミンとミネラル等の栄養を含み、食用になると考える(実際、戦争のような非常事態では、しばしば食用にされた)。たとえば、タンポポはサラダに使え、レタスよりもビタミン、カルシュウム、鉄分を含んでいる。他の野性植物のなかにはコーヒー、お茶、ジュース、粉食の代用になるものもある。野性植物のなかには、毒性のものもあるから、可食の植物、適した季節、準備方法を伝えるためのハンドブックが作成され、フィールド・ガイダンスのための組織を持つことでフォレージャーとしての自覚を高め、アウトドアー・スポーツとして楽しめることにもなる。注目されるのは、フォレージャーのなかには、その活動を生態学的な問題に対処し、環境について学習させ、浪費を戒める機会と見る人がいることである。耕したり買ったりして得た食でないことは、環境への配慮と食の浪費への自戒という反近代化主義的な視点を含むことになる。筆者はそれを、自然と文化・文明を区別し、両者のバランスを重視する西洋的伝統の延長にある活動と見ている。

現代のスローフード運動、ベジタリアンの増加、マクロビオテック(粗食)運動などにも、行き過ぎた近代化主義への対抗という側面があり、広くはこうした系譜の流れに属すものと考えられる。これらの問題をここで深

表２　科学技術の発達と食対抗運動

年　代	食糧難と科学技術の発達	米国の食文化関連の主な対抗運動
1876-78年	インドでモンスーンが来なかったため500万人〜600万人が死亡。	
1889-90年	エルニーニョ現象により、インドで1,200〜1,300万人、中国で2,000〜3,000万人が死亡。	
1889-90年	アメリカ合衆国に旱魃発生。	
1950年代	食品テクノロジーの黄金時代。	カウンター・クウィジーン運動
1960年代	貧困国の人口増加率が食糧の増産率を上回る。世界的な食糧危機と品種改良等の農業革命の必要性が叫ばれる。	①有機農法栽培食品への民間の関心の高まり。 ②褐色の食品を食べる運動（自然食品への関心）。
1967年	インドにモンスーンが来なかったため食糧難（米国はインドに小麦の収穫高の５分の１を援助）。	1970年代までこの運動は続く。
1980年代	「緑の革命」の開始。 ①メキシコの改良センターで、より広範な気候に適応できる小麦の品種が開発される。 ②フィリピンの国際稲作研究協会で、多収穫品種が開発される。新農業技術の進展。	政府は有機農法の重要性を認め始める。 エスニック料理ブームが始まる。 1986年にイタリアでスローフード運動が始まる（反合理主義、反科学主義的な運動）。
1990年代	第３世界の穀物生産の４分の３が新品種に切り替えられる。 G.M.（遺伝子組み換え食品）	緑の革命への反省。 健康への不安が増大する。

＊フェルナンデス=アルメスト（2003）その他の資料に基づき河合作成[(21)]

く論じる余裕はないし、本書の第3章でも取り上げられる課題でもあるので、以下では、世界で起きた食糧危機と食文化との対応関係を、図式的にまとめるにとどめたい。

表2はアメリカ合衆国の主な流れを簡略にまとめたものである。これを見るだけでも、食文化の変化が、災害、食糧危機への対応、科学技術の発達、国際的な食糧調整の組織化（フードレジームと呼ばれる）と資本主義的合理主義への反発など、グローバルな世界の動向と密接な関係があることがわかる。特に、一九六〇年代から一九七〇年代に起こった米国のカウンター・クウィジーン（食対抗運動）は、当時の少数民族、女性、黒人差別反対運動を含むカウンター・カルチャー運動と連動し、食品テクノロジーへの反発とし

て展開した。その際、動物性食品よりも野菜を、科学薬品で汚染された食品よりは自然食を、個人の消費よりも地球環境の重視を訴えた。

食対抗運動の「白いパンや砂糖より褐色のパンと砂糖を、剝いた（白い）リンゴより自然のままのリンゴを」といった当時のスローガンは、高いステータスの象徴である白色の食物と近代科学主義に対する、伝統的食文化からの反動でもある。また、褐色は日本の「玄米食」が影響を与えたといわれるように、自然食と粗食・玄米食の象徴でもあった。その意味で、食対抗運動は、白い食品を高く評価する欧米の旧来の食文化の再考と、自然環境の変化に対応できる新たな食文化への転換を求めた運動でもあったわけである。

一九六〇年代と一九七〇年代の食対抗運動の主な担い手はヒッピーと呼ばれる若者であったが、彼らがヤッピーと呼ばれる裕福な中堅世代の市民に成長した一九八〇年代に、玄米食のような自然食と東洋趣味がエスニック料理への関心に移ったともいわれる。健康食とされる日本食が米国でブームになった背景の一つにも、こうした社会の動向が働いていたのである。

このようにまとめてみると、食の理念と葛藤も、世界情勢の変化に伴う自然観や食文化観の、調整・対抗の過程と捉えることができる。

5 持続可能な食生活に向けて

一九〇〇年から二〇〇〇年の間に、地球人口は約三倍の六〇億人になったが、一九八〇年代の「緑の革命」(green revolution) で、新たな米と麦の品種を開発することにより食糧危機を免れた。しかし、その後、化学薬品や化学肥料への依存による環境への影響、機械化、灌漑施設などへの大きな投資の必要から生じる貧富の差の拡大、単一商品作物への集中化、作物の品種の多様化の減少など、負の側面が指摘されるようになった。現在は「緑の革命」の反省期にあり、伝統農法の再考、小規模農業の見直し、地産地消的・適所栽培的な資本主義型自給自足経済の再評価といった、新しい持続型の農業モデル、たとえばオーストラリアのパーマネントカルチャー（パーマネント［永久的］とアグリカルチャー［農業］の合成語）の試みなどが模索されている。さらに今、人口増加による世界の食糧不足が深刻化し、「新・緑の革命」の必要性さえ叫ばれるようになった。

現代世界を学ぶことは、ある面で世界の食について考えることでもある。なぜなら、食の問題は、農業や政治経済にとどまらず、各地域で食べて生きるローカルな人びとの、生存の仕方と暮らしと文化に関する理解を深めることでもあるからである。

【参考文献】

（1）マッケロイ、アン／パトリシア・タウゼント『医療人類学』（丸山英二監訳、杉田聡・他訳）大修館書店、1995

（2）レヴィ＝ストロース、クロード「狂牛病の教訓―人類が抱える肉食という病理」（川田順造訳）『中央公論』4、2001, pp.96-103.

（3）Courtney, Bryant and M. Dewalt eds., 1985, *The Cultural Feast: An Introduction to Food and Society.* Minnesota: West Pub. Co.

（4）マリノスキー、B『文化の科学的理論』（姫岡勉・上子武次訳）岩波書店、1958, pp.160-161.（原典1944）

（5）Clark, Robert P., 2000, *Global Life Systems: Population, Food and Disease in the Process of Globalization.* Oxford: Rowman& Littlefield Pub. Inc.

（6）ダイヤモンド、ジャレド『銃・病原菌・鉄―1万3000年にわたる人類誌の謎』（上）』（倉骨彰訳）草思社、2000, pp.220-221.

（7）Gabaccia, Donna R., 1998, *We Are What We Eat: Ethnic Food and the Making of Americans.* Cambridge: Harvard University Press. p.15.

（8）Branses, Stanley, 1999, The Perilous Potato and the Terrifying Tomato. L. Plotnicov and R. Scalion eds., *The Globalization of Food.* Illinois: Waveland Press, Inc.

(9) 山本紀夫『ジャガイモのきた道―文明・飢饉・戦争』岩波新書、2003
(10) 鶴見良行『バナナと日本人―フィリピン農園と食卓のあいだ』中公新書、1982
(11) Provincial Planning and Development Office ed. *Bukidnon Statistical Yearbook*. 1984, Malaybalay.
(12) リッツア、G・『マクドナルド化する社会』(正岡寛司訳) 早稲田大学出版部、1999
(13) ワトソン、ジェームス『マクドナルドはグローバルか―東アジアのファーストフード』(前川啓治・竹内恵行・岡部曜子訳) 新曜社、2003
(14) 大橋久利『世界の食文化・アメリカ』成美堂、1994, p.43.
(15) 加藤裕子『食べるアメリカ人』大修館書店、2003, pp.34-35.
(16) キャロル、アダムズ『肉食という性の政治学』(鶴田静訳) 新宿書房、1994
ラプトン、デボラ『食べることの社会学―食・身体・自己』(無藤隆・佐藤真理子訳) 新曜社、1999, pp.44-45.
(17) Anderson, E.N., 2005, *Everyone Eats: Understanding Food and Culture*. New York and London: New York University Press. p.110.
(18) 岡田哲『とんかつの誕生』講談社選書メチエ、2000, pp.152-153. 2003, p.302.
ポチエ、ヨハン『食糧確保の人類学―フード・セキュリティ』(山内彰・西川隆訳) 法政大学出版局、2003
(19) Abramson, Julia, 2007, *Food Culture in France*. Westport: Greenwood Press. pp.108-110.
(20) 文献(3)参照
(21) フェルナンデス＝アルメスト、フェリペ『食べる人類史―火の発見からファーストフードの蔓延まで』(小田切勝子訳) 早川書房、2003, p.303.

Column 3

イルカのお刺身――是か非か

浜口　尚

　女子大で捕鯨文化を教え始めて15年以上が経つ。鯨を食べることに抵抗を感じる学生はほとんどいないが、イルカとなると別である。鯨もイルカも生物学的にはクジラ目《もく》に含まれる生き物であると説明しても簡単には納得しない。彼女たちにとって鯨は食べるものであっても、イルカは水族館で観るものなのである。そんな時は「百聞は一食に如かず」である。学外実習の途中、イルカ料理を提供している料理店に連れて行く（写真参照）。食べる学生もいれば、食べない学生もいる。それでいいのである。彼女たちなりに「イルカ食」を考え、彼女たちなりに判断しているはずである。それが異文化理解・自文化理解への第一歩につながると筆者は考えている。

　2010年、和歌山県太地町において行なわれている鯨・イルカ類の追い込み漁を隠し撮りして製作された映画『ザ・コーブ』がアカデミー賞を受賞した。元イルカ調教師が自己の悔悛を宣伝し、活動資金を獲得するために太地町民を愚弄、茶化しただけの映画である。フィクションとして、あるいはエンターテイメントとしてみれば、それなりの楽しみ方もあるが（勝手に出演させられた水産庁のMさんはよくがんばっていた）、ドキュメンタリー映画を装っているから、たちが悪い。あれは作り物です、念のため。

　2003年11月、そのコーブの舞台となった太地町畠尻湾に追い込まれたハナゴンドウを救おうとして漁網を切断したシーシェパードのメンバー２人が威力業務妨害、器物損壊ほかの容疑で逮捕された。彼らは22日間の拘留の後、略式起訴され、罰金80万円を支払い、国外強制退去処分となった。漁網は２重に張られてため、イルカは１頭も逃げ出していなかったが、ホームページ上では「イルカ15頭を救出した」となっていた。

　2011年３月11日、東日本大震災が起こった当日、シーシェパードのメンバー６人は岩手県大槌町においてイシイルカの突きん棒漁をビデオ撮影していた。運良く高台にいたため、その後の大津波に巻き込まれることもなく、全員が無事に出国した。メンバーの１人はホームページ上に「この日、私たちに示された親切心と寛容さがいかに大きかったかは書き表すことはできない。日本人は心温かく、親切であるという私の信念を確証した」と被災地で受けた諸々の親切に対する感謝の気持ちを書き記している。

　その一方、大津波により壊滅的な打撃を受けた大槌町内の写真と「女性メンバー２人が１匹の魚を救出している写真」を並列して掲載するなど、無神経なことを平気で行なっている。イルカとは異なり、煮ても焼いても食えない輩なのである。

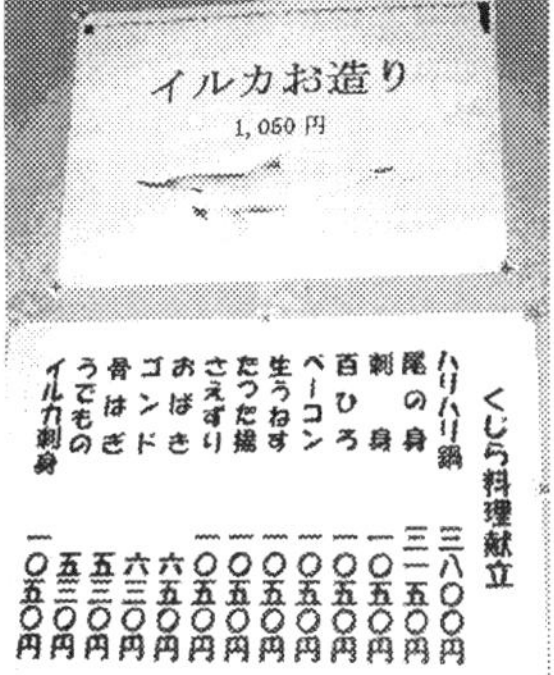

「鯨・イルカ料理メニュー」
（和歌山県那智勝浦町の料理店、2008年）

第2章

世界の食を学ぶ4つの視点

——交流と創造——

1 食文化の形成と世界化—エジプトのパン

奥野　克己

1　マクドナルドは日本の食べ物?!——食のグローバル化から何を学ぶか

筆者が担当する大学の「食とコミュニケーション」という講義で「マクドナルドは、どこの食べ物か」と問いかけたとき、「日本」と答えた学生がいた。この学生によれば、自分はマクドナルドが大好きで、よく利用し、小さいころから食べ続けてきたので「日本だと思った」というのである。マクドナルドは「アメリカで始まった」会社であり、ハンバーガーは「アメリカが起源である」という見地に立つならば、正解は「アメリカ」であり、学生の答えは間違いになる。しかし、学生は自分に身近で慣れ親しんだものだから、そして自分は日本人だから「日本」の食べ物と答えたのである。この学生が育んできた生活上の「固有」の価値と意味を認めるならば、マクドナルドは彼の生活世界のなかにあり、また日本人であることも同様に生活世界のなかにあることで、答えはマルということになる。ただし学生が食べて理解するマクドナルドは彼の生活を中心とした世界に埋没しており、マクドナルドが世界の各地のさまざまな文化のなかで、それぞれの工夫を経て「一つ」のマクドナルドを達成している世界化とは縁遠く、したがって、グローバル食品とは言い難い食べ物ということになる。

では、食の世界化によって、私たちは何を考えていくことになるのだろうか。世界化の是非や善悪を図りたいわけではない。人は食べなければ生きていけない。また、どう食べるかは生き方に直結する。食べ物を共有することは、親族や隣人、友人関係のネットワークにきわめて重要な作用をもたらし、食べ物の扱い方はコミュニケーション・ツールとして社会関係の繊細なバロメーターとなって社交を開始し、維持し、時には破壊することにつながる。

にもかかわらず、いま私たちは食の共有において「立ち往生」の状況にあるのではないか。コミュニケーション・ツールとして、本来ならば他者と向きあう道具であるはずなのに、社会において「個」中心的な展開のための道具に傾きすぎてはいないだろうか。社会関係は社会的欲望によって突き動かされ、その社会的欲望は各人の価値を他者によって肯定的に評価され是認されることから成り立つが、いま私たちは欲望を個々人の欲求にとどめて自己満足に収斂させてしまっており、他者を遠ざけて引きこもる（没交渉）ことで、「居場所」の喪失感をますます深めてしまっている。

私たちの自己形成や自己理解は、他者とかかわることで生まれてくる。慣れ親しんできた当たり前の生活世界にとどまることなく異種混交のなかの世界化に向かうとき、自分は他者とどのようにかかわり、どうような自分になっていくのだろうか。

2　世界の小麦粉食、パン(1)――古代、パンは「生きる」を意味していた

（1）パンの歴史

人はいろいろなモノを食べてきたが、食べられるものすべてを食べてきたわけではない。何を、どのように食べるかは、生き方の、また文化、社会の大きな課題であった。人類史において狩猟採集から栽培や飼育へと動い

た生産方式の変化は、社会的な大転換と位置づけられている。「発展」の出現である。その栽培植物は、種類によって穀類と根菜類に大きく二分される。食糧としての資源論的特徴は、穀類のほうが労力と頭脳(生産技術)を必要とし、食品学的には保存と移動の違いに現れるといわれている。

発展との関係で重要とされてきたのは穀物であり、そのなかの小麦は「世界史」において多くを語られてきた。特に小麦粉食のパンは、古代エジプトより記録にとどめられており、考古学的な資料によれば紀元前三五六〇―三五三〇年の遺物としてパンが発掘され、文明論的(発展図式)においては「最高の加工食品」と位置づけられてきた。古代のエジプト人は周辺の人びとから「パンを食べる人」と呼ばれ、驚きと羨望のまなざしでみられていた。また、メソポタミアから導入されたというパン屋が、中王朝期の末期、紀元前一八世紀には現れていたのである。

小麦の野生種は、考古学において紀元前七〇〇〇年あたりまでさかのぼることができるが、その地域は現在のパレスチナ、シリア、イラク、トルコ、イランあたりであり「肥沃な三日月地帯」と呼ばれている。そのパンがヨーロッパに伝わると、食糧・食品の域を越えて社会的な重要性を付加することになった。ヨーロッパでは「ブレッド・アンド・バター」とは生計を意味する。パンの支配は国家、民衆の支配につながる政治的装置として機能し、その配分は戦争や革命などの社会変動につながり、思想や社会体制に大きな影響を与えたのである。

それゆえに、パン作りには身分制度としての組合(職能集団)が発生し、管理をめぐっては、許認可制度と税の徴収、ルールの制定と違反に対する罰則化がなされるようになった。小麦の収穫が飢饉に直結する社会となり、パンの管理の違反には、重量や大きさの違反の場合、罰金や水責め、市中引き回し、さらし者といった刑罰が適用された。こうした状況から、ヨーロッパでは、パンは「生きる」を意味していた。

(2) パンのいろいろ

小麦の主成分はでんぷんでできており、そのまま生では食べられず、熱を加えてアルファ化する必要がある。さらに米と違って粒のままの調理が難しく、粉にして調理するのが一般的である。その代表がパンになる。パンは、小麦（や他の穀類）を粉にし、その粉を水でこね、できた生地を焼いたものである。水でこねて生地にする過程で発酵をともなうものと、ともなわないものに分かれる。でき上がったものが発酵パンと、種なし無発酵パンである。

発酵パンと無発酵パン

パン
- 発酵パン――ナーン、エイシュ等
- 無発酵パン（種なしパン）――チャパティ、フラット・ブロー、トルティーヤ

右にまとめたように、無発酵パンには、インドのチャパティ（小麦）やノルウェーの丸く薄いフラット・ブロー（小麦）、中南米のトルティーヤ（とうもろこし）などがあり、発酵パンは私たちの身近な大半のパンやインドのナーン、エジプトのエイシュ（ともに小麦）などがある。こうした両者の違いの一因として火力の問題があり、パンの厚さが燃料と焼く道具から生じる焼き加減によって決まることが考えられる。

では、パンの発酵とは何だろうか。小麦粉にはでんぷんのほか、麦芽糖などさまざまな糖が含まれている。その粉を水でこねたパン生地に酵母菌が加わると、酵母菌は生地の中の麦芽糖を取り込んで炭酸ガスとアルコールに分解しながら増殖する。そして小麦粉に含まれるたんぱく質の一つであるグルテンが炭酸ガスによって膨らま

され、多くの気泡ができる。こうして生地が膨張する状態を発酵という。パンの香りのよさは、アルコール発酵によって気泡がつくられ、ふんわりした触感がつくられるからである。

写真１　エジプトの種なしパン「バラディ」

（３）「パンは生きること」——ヨーロッパでの食べ方

社会の動きに直結するような、そして「生きる」ことを意味させたヨーロッパのパンは、食べ方においても文化誌的な特徴を示してきた。たとえば、中世において王侯貴族は白いパンに執着し、当時一般的であった黒パンと違えることで身分差を示そうとした。

また、ユダヤの人びとは「種なしパン祭り」の儀礼を行なってきた。この戒めを破ることは死罪にあたり、祭りの七日間は通常の発酵パンを食べてはならず、作ることもいけないとされた。さらに次のパンのために保存しておくパン種（酵母）も置いていてはいけないと、徹底して発酵パンを避けたのである。代わりにこの期間は無発酵パンで過ごすこととなった。これは旧約聖書の「出エジプト記」の記載にもとづく行事だという。急なエジプト脱出に際して、無発酵パンしか作れなかったことの大変さを記憶しておくためなのだという。

キリスト教におけるパンも、その信仰において重要な意味をもつ。有名な「パンとワイン」の話であり、「最後の晩餐」におけるイエスの言葉として語られている。「ルカによる福音書」によれば、「最後の晩餐」においてパンはイエスの体を、ワインはその血を表していた。そして、後のミサ（聖餐式）に、この意味が儀礼としてとり込まれることになった。ローマ・カトリックのミサでは「ホスチア」と呼ばれる薄くて丸いパンが司祭によって信者の口に入れられる。信者はそれを食べることでイエスとひとつになり、救いと恵みを受けることになるのである。

3　パンとイスラーム文化と

(1) エジプトではパンは「いのち、生活」をいう

エジプトには多くのパンがある。その形、作られ方、食べ方と、さまざまである。発酵パンもあれば無発酵パンもあり、パン屋の職人が作るパンもあれば家庭で女性が作る自家製パンもある。都市では多くの人がパン屋を利用するが、地方の町では家にパン窯を持つことも稀ではない。村では自家製が基本で、多くの家にパン窯がある。本稿で扱うエイシュ・シャムシーは上《かみ》エジプト（現在のカイロ南部からアスワンあたりまで）の自家製パンのことである。エイシュ・シャムシーは家の女性たちによって毎週焼かれる。そしてエイシュ・シャムシーは、近年、こうした女性たちの一部によって町の路上で売られるようになった。また、町のパン屋が真似て商品の一部に組み込むようにもなった。路上販売の規模は小さいが、その広がりは上エジプト全体におよび、首都カイロの下町にも見られるようになった。その分布調査の結果が、図1である。

パンを「エイシュ」というのは、エジプトでの呼び方である。エイシュもアラビア語だが、アラビア語におけるパンを指示する一般名称（総称）は、ホブズかラギーフという言葉である。中東では、エジプトも含めてだが、アラビア語を解する人にホブズやラギーフといえばパンと理解してもらえる。しかし、エジプトでは広く、「エイシュ」を使うのである。ではエイシュとホブズ、あるいはラギーフとの違いは何だろうか。彼らの用法にしたがえば、ホブズとラギーフは文語的であり、ニュアンスとしての硬さがある。実際の使用を見ても、ホブズやラ

ギーフが出てくるのは新聞の記事であり、パン屋の看板においてである。

それに対してエイシュは、口語として使われる。生活言葉として日常感覚にもとづいた、人びとの思いを託したニュアンスがうかがえる。しかし、エイシュをアラビア語・英語辞書で引くと一義に出てくるのはlifeの意味である。生命や生活、生計、人生、暮らしむき、生存を示す。最後の項目にきて「エジプトではパンのこと」と説明されている。

では、生命や生活に重ねられるエジプトのパンを取り上げて、具体的に見てみよう。

図1　商品として観察されたエイシュ・シャムシー
（M＝店売り　R＝露店売り）奥野 [2005] 注2より転載

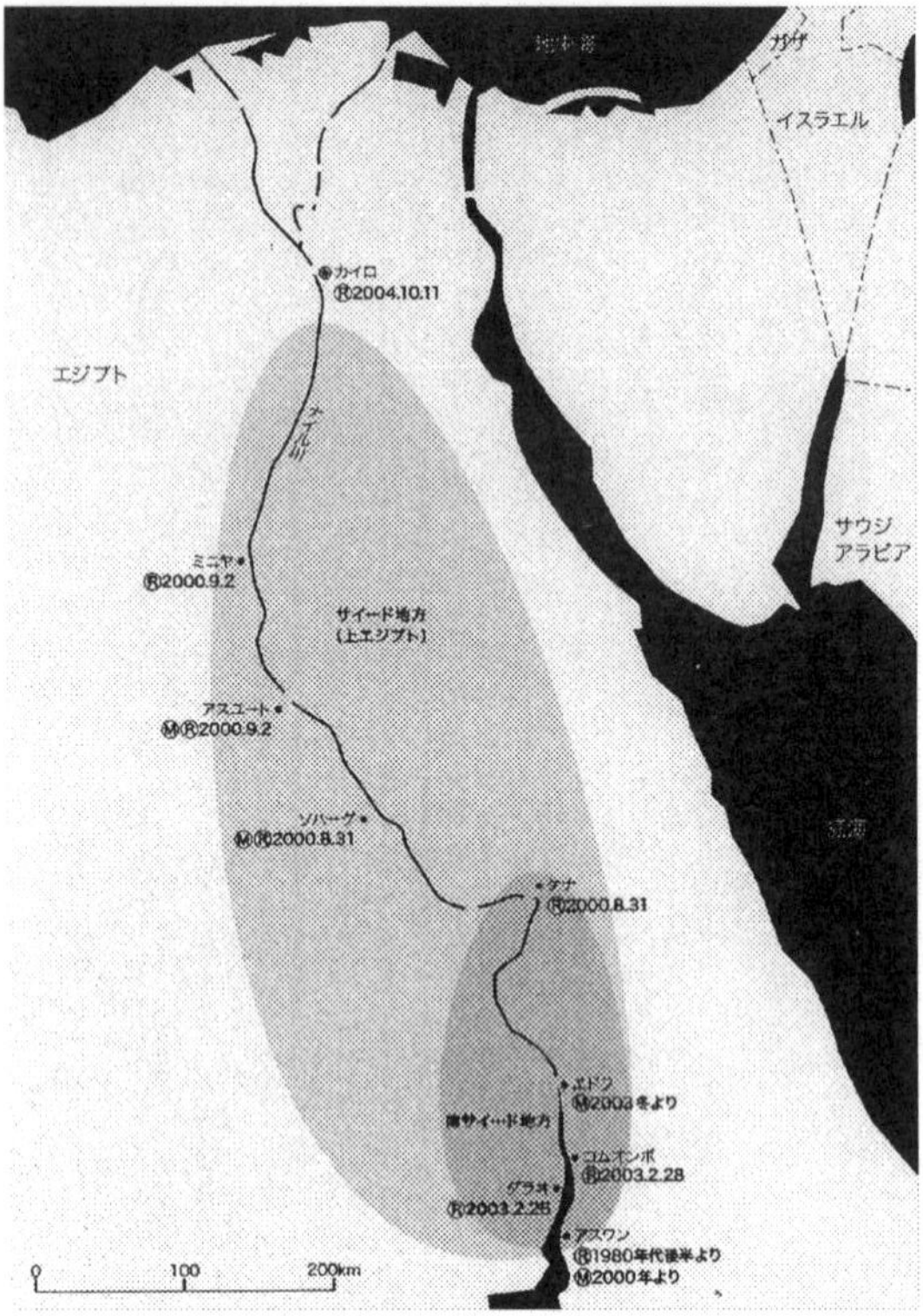

（2）上エジプトのパンは「太陽のパン」

①パン作り

上エジプトの午前中、特に木曜日の朝に多いのだが、町の様子を眺めていると、あるいは村の路地を歩いていると、白くて丸いパン生地に出会うことがある。エジプトは、イスラームの暦にあわせて、学校や会社は金曜日が休みになる。そのために、前日の木曜日にパンを焼くことが多い。前回のパン焼きで使用した生地の一塊を次のパン種（酵母、「ハミーラ」と呼ばれる）として活用する。したがって、各家にはそれぞれにハミーラが保存され、その管理は主婦の仕事であり、そのための知識が求められることになる。

酵母を含んだパン生地は、ドーラと呼ばれる乾燥した泥粘土の小盤に置かれ、一時間から二時間の間、日向《ひなた》に置かれて日干しされるのである。一回に作るパンの数は家族の大きさや用途によって変わるものの、およそ二〇個から三〇個が普通である。日干しの日向はどこであってもよく、家の前の路地に直接置くこともあれば、近くの台や長椅子の上に置くこともある。家の中では中庭や屋上、日の差し込む部屋が使われる。日差しと同時に風も考慮される。日差しの温かさが発酵を促し、風が生地の表面を乾かしていく。

日干中の発酵や乾燥の具合は、これまでの経験によって判断される。生地の膨らみから表面の破れはどうか、時には表面に針をさして具合をみることもある。頃合がよいとなると、パン生地は日向から窯へ運ばれて焼きの作業に移っていく。焼き具合は、窯の出し入れ口から中をうかがいつつ調整される。火を調整し、マトラハ（長い柄のついたへら）で生地を動かして焼き具合をみていく。

こうして作られるパンを、彼らは「エイシュ・シャムシー」[2]と呼んでいる。シャムシーとは太陽で、「太陽のパン」ということになる。

エイシュを焼く日は、早朝からの一日仕事である。その主な道具は、生地作りと焼きに使われるものに分けら

写真２　日干しされるエイシュ・シャムシー

写真３　石窯でエイシュ・シャムシーを焼く女性

れる。前者には小麦粉を受ける平底のたらい（ティシュト）や生地を練るための深底のたらい（マージュール）、粉ふるい（ゴルバール）、生地をのせて日干しをする小盤（ドーラ）などがある。一方、焼くための道具には、窯（フォルン）があり、窯への出し入れに使う棒状のへら（マトラハ）や窯の煤はらい（ファワーダ）、火を調節に使う鉄製の鉤棒（ハッターフ）などがある。そして焼き上がったパンはバスケット（ザンビール）に入れられて保存される。こうした道具は各家に備わっており、近隣で催される定期的な青空市で売られている。

パン窯はこれまで、職人によって作られる石窯であった。レンガを積み、外壁を泥で固めた逆円錐形の丸窯である。そこに近年、プロパン・ガスを使う鉄製のガス窯が入ってきた。工場で造られ、町の市場や商店で売られている。ガス窯の出現は一九九〇年代のはじめのことであり、火の準備や調整など、その便利さからまたたく間に広まった。筆者の通う集落では数年のうちに六、七割の家がガス窯を取り入れた。石窯と併用する家もあった。

②食べ方とイスラームの教え

上エジプトの、特に村の人びとにとってエイシュ・シャムシーは日々の糧である。一年中、エイシュ・シャムシーを食べている。普通の日も特別な日も、エイシュ・シャムシーである。その食べ方は、「丸」で進む。エイシュそのものが丸い。それを配膳するシーニーヤも大きな丸盆である。シーニーヤへの配膳も、エイシュ・シャムシーは円環状になる。盆の中ほどには惣菜の汁物やご飯が置かれ、盆の縁を飾るようにエイシュ・シャムシーはすき間なく並べられる。

盆に並べられたエイシュ・シャムシーは、食べる量をはるかに超えている。食べきれないほどということが、彼らの面子にかかわるのである。もし満たすに足りない場合には、ある分を二切れや四切れにして、多くあるように見せて並べるのである。

そして多くが食べ残されることになり、それを当たり前と考えている。食べ終わったシーニーヤには、ちぎれた塊や食べかけのパンが置かれ、そのパンが次の盆に出されることはない。盆を下げた後に女性たちが食べるか、スープに混ぜてファッタ（パン粥）にする。あとは残飯として家畜の餌になる。

食べる順序にひとつのきまりがある。イスラームの考えとして、男女は社会的に分離される。男の世界があり、女の世界がある。この構成は食事においても当てはまり、男は男、女は女で食事をとる。家の中であっても同様である。そして男たちが先になる。女性は男の後である。特に万端整えられた午餐のときは、この順序はしっかり守られる。

一方で、女性が先に食べてしまうこともある。料理は女性の仕事であり、彼女たちは調理の途中で自分たちだけのための料理を作って、さっさと食べてしまうことがある。この食事は、午餐の食事とは異なり、言ってみれば「賄い飯」のようなもの、あり合わせの、仮の、一時の食事である。男はこうしたことに口をはさまない。台所で進むことについて、その主導権は女性の側にあるからである。また台所はイスラームの規定によって「ハリーム」(「聖なる」「禁じられた」の意味)と位置づけられており、家の男であっても勝手に足を踏み入れることは、ままならないのである。

③エイシュ・シャムシーは母から娘へ

エイシュ・シャムシーを作る女性たちは、育った家でその家の作り方を身につけていく。それは母から娘への継承である。技法を学び知識を得る。しかし、レシピなど、何か形をもってなされる習得ではない。娘は母の作る姿を見て、一緒にかかわることで身につけていく。では、エイシュ・シャムシー作りには、どのような技術や知識が必要なのだろうか。

まず、材料の具合を理解する必要があるだろう。量の問題があり、扱いの問題がある。小麦についての値段や産地、品質は女性たちの話題のひとつである。エジプトは現在、社会主義政策による配給制度(ガマイーヤ)と経済開放政策による自由市場を併置している。前者において小麦粉は重要な配給品の一つであり、家族一人に対して月二五キロが配給、販売される。また、後者によって町の市場や商店で小麦粉は小売されている。値段は、小売のほうが若干高い。またエジプトは小麦の輸入国であり、アメリカやロシア、サウジアラビアから入ってくる。女性たちによると、小麦粉は白いほうが良いという。サウジ産の小麦は白くてよく、アメリカとロシアのものは赤みがかっているのでよくないという。

エイシュ・シャムシーの作り方に、専門用語のようなものは見られず、何か特別な規則や約束事は見られない。それぞれの家が、それぞれに作っているのである。しかし使う道具は地域で一定しており、作る手順や材料も基本的に差がない。特にパン生地をのせる小盤（ドーラ）は、結果として重要であり、家々のドーラの大きさはほぼ同じであり、シーニーヤ（配膳盆）も、いくつかのサイズはあるが市販の商品なので、食事の規模や用途によって同じ大きさのものが使われることになる。この二つの道具によって、各家のエイシュ・シャムシーはほぼ同じ大きさになる。つまり、女性たちは何か指示を受けているわけではなく、また同じであることを目指しているわけでもないのに、結果は同じエイシュ・シャムシーになるのである。たとえば、村の共食で各家のシーニーヤが並んだとき、そのエイシュ・シャムシーはみな同じに見える。それは自分のパンが同時に自分たちのパンになるということである。この重なりが齟齬なくエイシュ・シャムシーに起こるのである。意図されない統合といっていいだろう。

写真4　盆に並べられたエイシュ・シャムシー

次に、ハミーラ（酵母）の扱い、発酵の問題がある。女性たちは第2節の「パンのいろいろ」で述べた小麦と酵母が生成する化学反応の展開を、知識として知らない。前回使ったパン生地の一塊を、次のハミーラとして使うのである。ハミーラは保存に失敗すれば腐って使いものにならなくなるため、ハミーラの保存に工夫がいる。発酵ゆえにハミーラの扱いは慎重でなくてはならない。またハミーラがあってエイシュ・シャムシーが焼けるのである。

ハミーラとして保存するためには発酵を調整する必要がある。それは、ハミーラに小麦粉を厚くまぶしてコーティングすることで対応する。さらに、外気を遮断するためにラップで包む。そして、食器棚の奥などの暗所にしまっておく。発酵の具合は臭いによって判断するという。発酵がすすみすぎた場合は小麦粉をさらにまぶし、足りなければ棚から出して外気にあてる。このように扱って、次回まで保存するのである。

ハミーラにはもうひとつ、アルコールの問題がある。[3] ハミーラの中にアルコールが含まれていることを彼らは知っている。町のパン屋では工場で製造された生イーストを酵母として使うことが多い。その生イーストは人びとの間で「ハミーラ・ビーラ」と呼ばれている。「ビーラ」とはアラビア語でアルコール飲料のビールを指す。ここからも酵母とアルコールも結びつきははっきり認識されているのだが、イスラームとのかかわりでは一切の意見がでてこず、不問の対象になっている。

④共食は「面子のゲーム」[4]

上エジプトでは、よく共食が行なわれる。共に食べることを大切にし、共に食べることに慎重をもとめ、共に食べることを当然とみなしている。イスラームの弱者救済や施し（ザカート、そしてサダカ）の行為は、ムスリムにとって規範上の義務であり社会的な慣行である。アラブの慣習としてかかえる歓待の精神（ディヤーファ）は面子にかかわる重要な社会的評価である。異なる言語、宗教、出自、習慣、風貌など、さまざまな文化、社会的な特徴が日常的に接触しあい、共存・融合する中東という世界のなかで、その垣根をまたぐグローバルな生き方を当たり前とする彼らにとって、人とのかかわりは自身の社会的ネットワークを拡大させ、将来の成功に結びつくと考えさせる。このような社会的価値が人びとを共食に駆り立てている、といってよいだろう。では、共食はどのように行なわれるのだろうか。

共食の始まりには二つタイプがある。突然の訪問や偶然の出会いなど、予期せぬ折りに起こる偶発的な共食と、結婚式や葬式などで計画的に行なわれる予定的な共食である。

偶発的な場合は、しっかりした食事のこともあれば、ちょっとした食べ物のこともある。たとえば、ジュース一本でも、タバコ一本でも共食は成立する。一方で予定的な共食の場合には、定番的なメニューの形式的な食事になることが多い。特に、供する側の準備としては、十分な量を用意することが重要であり、次に、少量であっても価値の高い肉を用意することが求められる。ここには、供する側と供される側の面子のやりとりが展開する。しっかりとした準備は、両者の面子を保つことになる。

写真５－①

写真５－②

写真５－③　共食に向かう各家の盆

図2　善行をめぐって

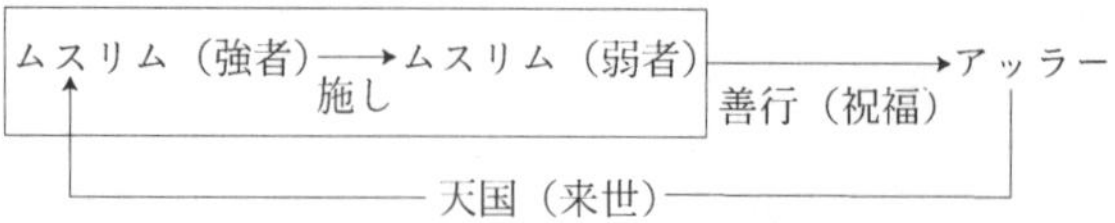

図3　面子をめぐって

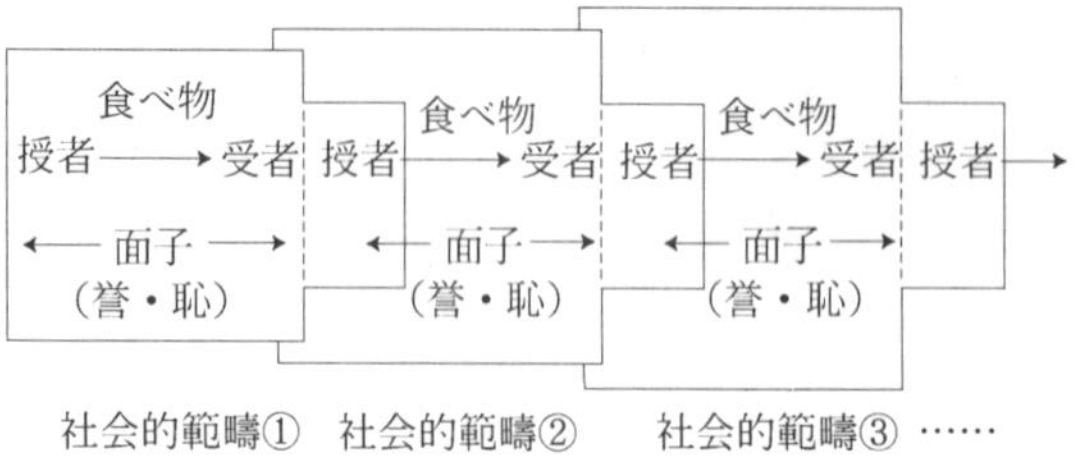

写真6　村での共食

また、十分に食べてもらい、おいしい肉を食べてもらえたならば、供された側は満足し、そのことで供する側はプラスの評価を得ることになるだろう。もちろん、不満が出ることによって、逆の結果になることもある。他方、供される側は受け方によって、たとえばガツガツした食べ方をすることで、マイナスの評価になってしまうことになる。両者には、それぞれに慎重さが求められることになるのである。

エジプトには、人口の一割ほどといわれるコプト・キリスト教徒がいる。彼らもエイシュ・シャムシーを作るが、これまで紹介してきた丸形のものと、そこから四隅に膨らみをつけたものの両方を作る。後者は、その形が十字架を表わしている。パンに印して信仰を示し、自分たちの宗教的アイデンティティを表出するのである。これをムスリムが、そのまま食べるわけにはいかない。コプトとムスリムの共食は稀だが、そのときには、事前に切って、十字架を形状させないで出すことになる。

彼らが行なう共食には、イスラームにおける施し（善行）やモノの占有（悪行）をめぐる価値（図2）、そしてアラブの慣習による歓待の気前良さ（名誉）という価値が作用している。共食における、「する」「される」の二者は「面子のゲーム」のようなやりとりを展開するのである。ホストは貴重なもの（肉料理）や十分さ（パンやご飯）によって自分の面子を保とうとする。その十分さを担うひとつが、エイシュ・シャムシーである。これは個人が催す共食だけではなく、聖者祭りや結婚式などの大規模な共食をするときにも使われる。こうした際には、主催側が皆で供出し、部屋の床に山盛りのエイシュが用意されるのである。

面子のやりとりは、彼らの状況認識にもとづいて入れ子のような展開を示す。「攻守」入れ替わるようなその関係を説明しているのが、図3である。

ここにはモノの所有をめぐる当事者の問題[5]、つまり、共食のなかの二者が、食べ物をめぐってホストとゲストのどちらの立場になるのかという問題がある。彼らは他者と向きあうとき、その状況と社会的な立場（家族、地域、職業、言語、宗教、国籍、性、世代、……）によって相手との距離を測る。自分と相手の立ち位置は、社会的な「遠近」の距離によって判断されるのである。この判断によってホストとゲストの立場は決まるのである。

たとえば、結婚式の共食で、供する側の基点は金銭的、かつ具体的に食事を準備した花婿になる。花婿を軸に「遠近」が測られる。花婿とその父親の二者においては、仮に父親の金銭に頼っていたとしても、花婿がホストであり父親はゲストになる。次に、花婿の隣家から参加があった場合、その状況は家対家の関係であり、花婿と父親がホストであり、隣家の人物はゲストになる。

フィールドワークを始めた当初、筆者はカネのない学生で、地域を知らない者、アラビア語の下手な者、彼らにとって遠く離れた日本から来た者という、「はるかに遠い」立場にあった。そうしたなか、ある結婚式で、花婿とは多少の知り合いになっていたにもかかわらず、祝宴の共食で隣の集落から来たという男に、「どうぞ、食べてくれ。たくさん食べてくれ」と自信たっぷりの口調で勧められたのである。その頃はまだ、「入れ子の判断」を知らなかったために「なんで（隣の集落から来た）おまえが」と憤慨したことを覚えている。いま思えば、二人のやりとりのなかで男がホストで筆者はゲストだったのである。

4 パンでネットワーク

エイシュ・シャムシーは、圧倒的な使われる頻度からいっても自家製の自家消費のパンであることは間違いない。自分たちが作って自分たちで食べるパンである。しかし、すでに見てきたように、コミュニケーション・ツールとして、いろいろな局面で人を結びつける役割を果たしてきた。そこにお金を介在させたやりとりが加わっても、何ら不思議ではなかった。

上エジプトのフィールドワークで、商品としてのエイシュ・シャムシーに気づいたのは一九八〇年代後半のことである。アスワンの町のスーク（市場）で、一人の中年女性が路上に木かごを置いて売っていた。以後、この女性は数年にわたって同じ場所で、同じように売り続けていた。その後、町で売られるエイシュ・シャムシーを少しずつ見かけるようになった。アスワンのように家で作ったエイシュ・シャムシーを路上に出て売るケースがあり、一方でパン屋も作ってみずから売り、また食品雑貨店に卸すようにもなった。

パン屋の場合は小ぶりになる傾向がある。先に述べた集落のシーシーヤの配膳パターンなどまったく関係なく、小ぶりにも幅があり、大きさに一様を見ることはない。そして現在まで、商品として見られるのは町中であり、村では見られていない。どう広がったかの確認はできないのだが、上エジプトの多くの町で目にするようになった（84頁の図1参照）。また、たった一店だが、二〇〇四年の夏以降、カイロの商業地区であるアタバ市場の交差点でも路上売りのエイシュ・シャムシーが見られるようになった。路上の売り手の多くは、女性たちである。

商売であるからには、儲けることが前提である、アスワンの女性は、かごの中に数十個のエイシュを置いていた。収支についての説明は絶対にしてくれないので、値段とパンの数から、ある程度の計算をするしかないのだが、利益を三割として完売すれば（実際夕方には、ほとんど売れている）大卒の初任給に劣らない一日分の儲けがあった。

路上販売は禁止されており、警察の取り締まりの対象になる。ただ、すべての場所が取り締まりになっているわけではない。そうした場所では、のんびりと売っている。一方、人出の多いにぎやかな場所では露店の数も多く、よく取り締まられている。そうした場所は取り締まっても、また隙をみて出てくるというイタチゴッコである。それは、警察が一網打尽にできる数ではなく、その結果、せいぜいトラック一、二台分の露店を捕まえるに

写真7　アスワンでの路上売り

写真8　パン屋から卸されたエイシュ・シャムシーを売る食品店

写真9　カイロで一店のエイシュ・シャムシー売り

すぎないからである。全部を捕まえるならば、一警察署では無理で、軍隊が必要だろう。露店の数はそれほど多い。そして逃げ足は速い。カイロのエイシュ・シャムシー売りも、絶えず周囲に目をやりながら売り続けていた。もう一度、図1でエイシュ・シャムシーの販売分布を確認しよう。それは上エジプト全体に広がりだしている。その路上販売は、その他の多くの露店のなかのごく一部でしかない。エジプトでは全域に青空市場（定期市）があり、町のいたるところで露店が見られ、それは露店文化といってよい展開をなしている。その露店文化からすれば、路上販売のエイシュ・シャムシー、およびその売り手は、構成要素の小さな一部にすぎない。無視してもよいといえるほどである。

しかし、カイロの買い手は、たった一軒の露店でありながら「エイシュ・シャムシー」であることを知っていた。また、アスワンの買い手は「自家製パン、母のパンだから清潔なのだ」と購買理由を説明した。つまり、エイシュ・シャムシーというパン文化からすると、この女性たちの外部進出とパンの買い手の関係は、これまでのエイシュ・シャムシーを越えた新たな人的ネットワークが形成されたと見ることができる。つまり、このエイシュ・シャムシーの新展開は、自家製・自家消費という地域のパン文化の枠を越えて、露店文化という枠に加わりつつ「商品」という次なる社会システム、人間関係の形成という広がりとなったのである。

5　小麦粉食文化の形成とパンのグローバル化

中東では、異なる言語、宗教、出自、習慣、風貌などをもつ人びとが日常的に接触し、また共存・融合を繰り返す多文化混淆の状況、つまり、越境しあう人びとのかかわり（＝グローバル）がみられ、それは七、八世紀から現代まで変わることなく、当たり前のこととして続いてきた。[6] バザールでは、商品が単に売られるだけではなく、グローバル・ネットワークの重要な結節点として、人・モノ・情報、カネの雑多な要素がインプットされ、またアウトプットされてきた。都市文化を基盤として生きてきたアラブと呼ばれる人びとは、中東を軸とした「域内」と「広域」におけるグローバル展開を繰り広げてきたのである。域内では、地誌学的区分に応じて、言語圏（アラビア語）や宗教圏（聖者廟参詣等）、生活圏（技芸、建築、生産技術等）が形成され、広域においては大陸を越える長距離交易圏や、金の流通圏、メッカ巡礼圏、労働移動圏（移民・出稼ぎ）が形成されてきた。

こうしたグローバル展開を当たり前としてきた中東は、特にその一部であるエジプトは、そこに自分たちの文化を育んできた。彼らの観点によれば、異種混交の複合的状況と、それに接し、また越えた関係を成すことは日常的な、彼らの生活世界であった。何かが「起こらないため」の努力で埋められた生活世界は、そこに生きる人びとの「固有の」価値や意味を見出してきた。つまり、人・モノ・情報を「固定」させるよりも「移動」させることを当たり前と考え、そのことに価値や意味を置いてきたといえるだろう。エイシュ・シャムシーも、生活世界の一環として、作る女性たちを、そして食べる人たちを、彼らの「固有の」価値と意味のもとで維持生成してきた。そこに路上販売という、これまでの生活世界を飛び出す展開を生んだのである。その特徴は、「個」の活動を土台とした人のつながりであった。何かの組織によるのではなく、何かの指示によるわけでもない。担い手の自己判断の結果としてあり、ゆえに人的ネットワークなのである。一人の行為が、全体に延びていく。その展開は、村のエイシュ・シャムシーの「大きさ」の動きと相似である。各家のパンが村のパンになっていく。

生活世界のなかのパン文化と、エイシュ・シャムシーの人的ネットワークによる世界化は「個」と「移動」を基盤とした出来事であり、組織とシステム（巨大資本やハイテク・合理性というイデオロギー）を基盤とした、現代の一極集中型のグローバル化に対して、また「居場所」の喪失感を深める私たち個々人に対して、別なるグローバル化、別なる世界化、つまり、人・モノ・情報への別なる関わりの生き方を示しているのではないだろうか。

【参考文献】
（1）大塚滋『パンと麺と日本人』集英社、1997
　船田詠子『パンの文化史』朝日新聞、1998
（2）奥野克己「エイシュ・シャムシー—太陽のパン」『季刊民族学』113号、千里文化財団、2005
（3）奥野克己「中東ムスリム社会の食のあり方—酒・豚・共食の思想と実践」安本教傳（編）『講座人間と環境6食の倫理を問う—からだと環境の調和』昭和堂、2000
（4）奥野克己「ともに食べ、ムスリムとして生きる—上エジプトにおける共食の民族誌」『季刊民族学』69号、千里文化財団、1994
（5）秋道友彌（編）『講座人間と環境1自然はだれのものか—「コモンズの悲劇」を超えて』昭和堂、1999
（6）堀内正樹「境界的思考から脱却するために—中東研究がもたらすもの」成蹊大学文学部国際文化学科（編）『国際文化研究の現在—境界・他者・アイデンティティ』柏書房、2005

Column 4

飯ほど良い薬はない──韓国人の薬食同源

高　正子

韓国にいる親戚の家を訪ねると、必ず飲み物と一緒に果物が出される。その時、「果物を食べるとビタミンやミネラルがいっぱいなので、皮膚が奇麗になるわよ」と言う。食事の時にも「身体に良いから食べなさい」と勧められることが多い。このような言葉には、身体に良いものを選んで食するという韓国人の「飯（パプ）ほど良い薬はない」という考え方、つまり漢方などでいう「薬食同源」の思考が、その根底に流れている。

「これがないと食事をした気がしない」というキムチも、韓国人にとって健康食の代表である。北欧のヨーグルトに喩えられる「食べるヨーグルト」キムチが、仮に「身体に悪い」と科学的に証明されたとしたら、それでも韓国人はキムチを食べ続けるだろうか。私の予想では「否」である。身体に悪いものを食べ続けることはないだろう。

韓国人の薬食同源の思考は、食べ方にも表れている。一例として、サムギョプサルを取り上げてみよう。その料理は、豚の三枚肉（日本でいえばお好み焼きに入れる豚のバラ肉）を焼いて食べるものだが、隅に穴の空いた鉄板で油を抜きながらこの肉をパリパリに焼き、味噌につけたニンニクや青唐辛子、塩とゴマ油であえた細切りのネギと一緒に、チシャ菜やエゴマの葉などに包んで食べる。野菜に包んで肉を食べるというこの食べ方は、刺身でも同じである。

このような韓国の料理の食に対する考えは1990年代、ウェルビーン（Well Being）と呼ばれる健康食ブームによって、科学的な根拠から再評価されるようになった。まず、肉と野菜を一緒に食べるのは、野菜サラダと肉を一緒に食べる西洋料理に似て、栄養のバランスを保つ。また、サムギョプサルでは豚肉の油を落とすことで脂肪がとれコラーゲンだけが残る。さらに、野菜を一緒に摂取することで肉の摂取量が制限され、豚肉とニンニクを一緒に食すことでビタミンB_1が倍増する。これは、高蛋白質を比較的安い豚肉で最大限効率的に摂取しようとする民衆の知恵だといえるだろう。

韓国には、もともと身土不二《しんどふじ》（신토불이シントプリ、日本で言う地産地消）の考え方があったが、近年メタボやカロリー過剰摂取が社会問題になるなかで、バターや糖分を抑えた伝統的菓子や餅が見直され、またケーキ風の餅が作られ、乳酸菌の多い酒（マッコルリ）がブームになっている。韓国の食の伝統は変化しつつも生き続けているのである。

韓国料理のサムギョプサル

2 食と健康――インドの浄・不浄観と社会

松尾 瑞穂

1 多文化社会インドの形成

「You are what you eat（あなたはあなたが食べるものから成り立っている）」という言葉がよく表すように、インドでは人間の身体は食の物質的、社会的側面と切り離して考えることはできない。[1] 何を、誰と食べるかということは、人びとが身体をどのようにつくるのかという基本原理と結びついている。それは身体に関わる問題であるだけでなく、社会的にふさわしい身体の形成や、自己と他者の境界の維持といった社会関係の問題にもつながっている。

しかし、ロシアを除いた全ヨーロッパに匹敵する広い国土を持ち、地域、宗教、カーストなどによる集団の差異が多様で、かつ諸外国の影響を大きく受けてきたインドの場合、食を通した自己と社会との関係も、決して一律的に論じられる問題ではない。多文化世界インドにおける食は、多様なカースト、宗教、民族相互の交渉によって成り立っているのであり、だからこそ、つねに自分は何者であるかという自己アイデンティティとも結びつけられてきた。

これらの問題を論じる前に、本稿と関わる点を中心に、まずはインドの歴史をまとめてみよう。

各地に王権が群雄割拠していた中世インドを実質的に支配したのは、中央アジアのティムール朝の末裔が一五二六年に北インドに興したムガル帝国である。イスラーム教を信仰する外来政権であったムガル帝国が、「インド化」していくのが第三代皇帝のアクバル大帝の時代であり、彼はヒンドゥー王家との婚姻やヒンドゥー教の保護などを通して、イスラームとヒンドゥーの融和をめざした。ポルトガル、オランダに次いでイギリスがインド洋交易に乗り出したのは、一七世紀のちょうどムガル帝国の最盛期にあたる。だが、一八世紀はじめには、地方政権の台頭や、フランスとの覇権争いに勝利したイギリス東インド会社の支配の拡大などをうけてムガル帝国は弱体化し、一八五八年のスィパーヒーの反乱を最後にその歴史の幕を閉じる。最終的にインドの覇権を握ったのは、イギリスであった。

もともとポルトガル、オランダ、イギリス、フランスなどのヨーロッパ諸国は、コショウや香料などのスパイスを求め、ペルシア、インドから東南アジア、そしてアフリカ東海岸を結ぶインド洋交易に参入した。ポルトガル船がアフリカの喜望峰を回って、インド西海岸マラバール地方にたどり着いたのは、一四九八年のことである。当時、四大スパイスと呼ばれたのは、コショウ、シナモン（日桂）、クローブ（丁字）、ナツメグであったが、インドはインドネシアの香料諸島と並んで、そうしたスパイスの生産地であった。最も早くにこのルートに進出したポルトガルは、一六世紀にはマラッカ、ホルムズ、セイロンなど交易上の主要な港を押さえ、スパイス貿易を独占した。

一方で、ポルトガルは、新大陸から唐辛子やトマト、ジャガイモ、カシューナッツ、パイナップルといった、現在のインド料理には欠かすことのできない新食材をインドにもたらした。インドのスパイスや料理は、諸外国との交流の過程で西洋諸国の食文化に大きな影響を与えたが、同時に、ポルトガルやイギリスとの関わりのなかでインドの食そのものも大きな影響を受けることになる。

イギリス東インド会社を中心とするヨーロッパ勢力は、香辛料を購入するために、ヨーロッパや日本から銀を持ち込んでインドで綿布を買い、それを東南アジアで香辛料と交換していた(2)。この安価で質の高いインド綿布がヨーロッパにもたらされ大きな人気を呼ぶと、ヨーロッパへ輸出される主力商品は、次第に香辛料から綿布へと移り、それに伴ってインド洋交易におけるイギリスの比重が高まっていった。

イギリス帝国は、インドのアッサム地方で大規模な茶葉のプランテーション栽培を開始し、大量の労働者を移住させたが、インド国内だけでなく、世界各地に広がる植民地でも、綿花やサトウキビ、茶などのプランテーション農場の労働力を確保するため、一九世紀半ばからインド人労働者をモーリシャス、スリランカ、フィジー、マレーシアなどへ移動させている。このようなインド系移民の多くは、そのまま現地に定住し、各国でインド系コミュニティを形成した。

さらにまた、イギリス支配から独立した一九四七年以降も、経済状態が低迷するインドに見切りをつけて、旧宗主国であるイギリスや、アメリカ、カナダ、オーストラリア、サウジアラビアなどへの出稼ぎや移住が盛んとなったため、世界各地にインド人が広がった。彼らは在外インド人と呼ばれるが、九〇年代以降のインドの経済発展によって、今後は在外インド人の本国への帰国の動きが高まったり、エンジニアなどの新しいホワイトカラー層が外国へ移住したりするなど、人の移動や往来が活発化している。こうした植民地支配という歴史的経緯のもと海外に広がるインド系移民のネットワークや、近年の外国企業のインド進出、情報化などの政治、経済、文化的なグローバル化のなかで、今日、インドの食も大きな変容を遂げているのである。

こうしたインドの食の多様性を理解するためには、①浄・不浄といったインドの身体観や健康観、②諸外国との交流の歴史、そして③それに伴う食の変化を押さえることが重要である。そこで本節では、まずインドにおける食文化が、自己と他者のあいだの浄・不浄や身体といった固有の衛生観、健康観とどのような関わりがあるかを紹介する。つぎに後半では、他文化との交流によって、インド料理がどのように創造され変化してきたのかについて考えてみよう。

2 食にまつわる浄・不浄

(1) 女性と不浄

食事に限らず、ヒンドゥー教徒の生活全般を考えるうえで欠かせない重要なものに、浄・不浄の概念がある。インドでは手食が一般的であるが、日本でもよく知られている慣行に、食事は右手だけで行なわれるということがある。ヒンドゥー教徒にとって右手は食事に用いる清浄な手であり、左手は排泄時の洗浄に使われるために不浄なものである。フランスの人類学者ロベール・エルツは、今や古典となっている著書『右手の優越』のなかで、名誉や特権と結びつく右手が左手よりも優越するという多くの社会に見られる現象を分析したが、インドでもエルツの指摘する象徴二元論的な右手と左手の区別が、かなりの程度当てはまる[3]。

ただ、ふつうは清浄な右手ではあるが、不浄さは唾液を通して伝わると見なされるため、いったん食事を食べ始めて指を口に入れたが最後、その右手は他人にとって不浄なものとなる。そのため、食事中にお代わりをよそったりするときには、使用中の右手を用いないように気をつけなければならない。インドの家庭では、男性や子どもたちが先に食事をし、女性が彼らのために給仕をするといった姿がよく見られるが、これなどはジェンダー役割というだけでなく、実際的には、食事にまつわる浄・不浄観のため、誰かに給仕をしてもらう必要から行なわれているのだとも考えられる。

誰かの食べかけの食事や皿などは「ウシュタ」と呼ばれ、浄性により厳格な、カースト制の最上位に位置するバラモンであれば、家族の成員間であっても共有されることはない。小さな子どもも自分ひとりで食べられるようになると、この右手の作法を徹底的に教え込まれることになる。かつては、ヒンドゥーの再生族（バラモン、クシャトリヤ、ヴァイシャ階層）の男児は、八～一二歳前後になると「入門式（ウパナヤナ）」という儀礼を行なった。この儀礼は、元来は、特にバラモンの男児が、ヴェーダ学習のために親元を離れ、師のもとで一定期間教育を受ける「学住期」に入ったことを示す通過儀礼であった。ヴェーダ教育を行なわない今日では、バラモン男性が身に着ける聖紐を授けるものへと変容している。(4) その儀礼では、男児が母親と同じ皿から食物を分け合って食べる儀式があるが、この通過儀礼によって一人前となった男児は、それ以降、母親と同じ皿から食事をとることはない。

ちなみに、性交も身体を不浄にするとされているため、宗教的な儀礼の前などには避けられる。また、女性の月経血は穢とされるため、筆者が調査するインド西部・マハーラーシュトラ州の村では月経中の女性は食事をつくることはおろか、台所に入ることや乳牛の乳を搾ることも禁止されている。それは、彼女の身体を通して、不浄さが他の人にも伝染するおそれがあるためである。月経中であることを、現地語のマラーティー語では「隅に座る」というが、文字どおり月経中の女性は部屋の隅のほうに座って、食事も他の人とは別にとるならわしである。そのため、いつもは忙しく台所仕事に追われる女性たちが、ある日に限って土間などに座って雑穀の選り分けなどの作業をしている姿をみると、だれもが彼女が月経中であることを知るのである。

（2）食による自己と他者の境界

このように、浄・不浄は食事を共にしたり、何かを手渡ししたりするといった身体的接触や、場合によっては単に見ることでも、人から人へと伝染するものだと考えられている。インドにおけるバラモンを頂点とした、クシャトリヤ、ヴァイシャ、シュードラといった階層性は、それぞれの浄性の高さによって決められているものである。もともと神に仕える司祭階級であったバラモンは、特に浄性に強くこだわっており、異カーストや異教徒との共食や食物の授与を厳しく制限していた。中世インド社会では、身体的接触を含むこれらの行為を行なったものは、カースト追放の対象となる罪を犯したものとみなされた。世襲的経済分業と内婚によって支えられたインドのカースト（ジャーティ）は、生まれ落ちたときから人びとの生活において最も大きな影響力をもつものだといえるだろう。そのカースト集団から追放されるということは、ほとんどその人の社会的な死を意味するほどに深刻なことである。この共食などによって伝染した罪を取り除き、カーストに復帰するためには、プラーヤスチッタと呼ばれる厳しい贖罪儀礼を行なわなければならなかった[5]。

インドにおける食は、誰が誰と食事の場を共にしてよいのか、誰が誰から食物を授与されてもよいのかといった実践を通して、集団間の階層性や自己と他者のあいだの境界を明確化しているといえるだろう。このように食にまつわる浄・不浄観があるからこそ、共食や食物の授与は、それを行なう者同士の特別な親密性や共同性の表れと見なされる。結婚式の後の食事で、新たに夫婦となった男女が互いに菓子などを食べさせ合うとか、兄弟の契りを結んだ二人があえて同じ皿から食事をとる行為などは、両者が分かちがたく結びついている存在であることを示しているのである[6]。

（3）断食に見る健康観と社会的意味

さて、この浄性を極限にまで高めたときに、食べないという選択肢があらわれる。筆者の調査地であるマハーラーシュトラ州のヒンドゥー教徒は、月に一度、新月から数えて四日目に行なう慣習化された断食以外にも、何かを祈願する誓願儀礼の日とか個人的に信仰する特定の神に関係づけられた曜日（たとえば、月曜日はシヴァ神、

写真1　牛に乗る女神の祠。歩道上に置かれている。カルナータカ州マイソール市（撮影：内田紀彦）

火曜日は女神、木曜日はダッタ神、土曜日はハヌマーン）などに、断食を行なうことが多い。身体の浄性を保つためには、沐浴と並んで断食が重視されているのである。日常的に家族の食事を用意し、家の神（クルデーワタ）や先祖に供物を捧げる役目を担う女性たちには高い浄性が求められ、男性よりも頻繁に断食を行なう傾向がある。また、女性たちにとって、断食は身体の浄性を保つという宗教的な意味合いだけでなく、特に貧困家庭においては、若い嫁などが食事の回数を減らすことで、実質的に家族の取り分を増やすことに貢献するという、自己犠牲的な意味合いもしばしば見うけられる。

とはいえ、水も摂取しないなどの誓いを立てて行なう強い祈願、たとえば不妊の女性が子宝を願って行なう誓願や、夫の健康と長命を祈って妻が行なう誓願などは別として、慣習化され日常的に行なわれる断食は、イスラーム教徒のラマダーンなどと比べると、よりゆるやかなものである。断食の日には、チャパーティーや米のような日常食を食さない代わりに、サーブダーナーと呼ばれるタピオカの加工品の炒めものや、ウェハースと呼ばれるジャガイモのスナック、バナナなどの果物がよく食べられており、むしろいつもとは少し違った食事を楽しんでいるような観もある。女性たちが、「今日は断食だ」と言いながら、皿いっぱいにこれらのものを食べている姿は、断食という言葉から私たちが連想しがちな苦しさを、あまり感じさせない。

また、二〇世紀のイギリスの植民地期に、独立運動の指導者であったマハートマー・ガーンディーが、イギリス支配への抵抗として不服従・非暴力運動を行なったときに用いた手段のひとつも断食であった。ガーンディーはイギリスに対してだけではなく、独立運動の過程で生じたインド人同士の宗教、カースト対立や政争を戒めるためにも、しばしば断食を行なった。宗教的行為である断食を行なうことによって、民衆にとっての彼の聖性はより高まったともいえるだろう。今日でも、インドの政治運動において断食によるハンガーストライキはガーンディー主義者のみならず、多くの人に用いられる抗議手段となっている。インド社会では断食は身体の浄性や自己献身、贖罪という行為にとどまらず、社会運動や政治活動の一環となっているのである。

3 菜食（ヴェジ）と肉食（ノン・ヴェジ）——食事に見る生命観

ヒンドゥー教徒は宗教的に神聖な牛を食べない、イスラーム教徒は不浄だとされる豚を食べない、といった宗教ごとに異なる食の禁忌はよく知られている。インドでは、イスラーム教の影響もありヒンドゥー教徒であっても豚肉に対しては強い禁忌があるため、肉食といえば鶏肉、羊肉、ヤギ肉が中心である。だが、菜食に比べて肉食は不浄なものだとする考えがヒンドゥーの上位カーストの間にはあり、バラモンは、生まれてから一度も肉はおろか卵さえも口にしたことがないという、厳格な菜食主義を貫くことが多い。

だが、何をもって菜食主義と見なすかは、地域やカーストによっても少しずつ異なっている。たとえば、ベンガル湾に面し、豊富な魚介類が日常生活のなかでも身近なベンガル地方や、アラビア海に面したゴア、マハーラーシュトラ州海岸地域などでは、菜食主義者であるはずのバラモンも魚を食するといったことは珍しいことではない。とはいえ、やはり浄性の高さという点からすると、魚や卵を食べるバラモンは、厳格な菜食のみを行なう他のバラモンからは、一段低く見られており、正統なバラモンではないと見なされることもある。

一方で、厳しい不殺生を貫き、虫や目に見えないバクテリアなどの生命を奪うことも厭うジャイナ教徒は、タ

写真2　ガネーシャ・チャトゥルティという祭礼の日、神様に供える食事。ガネーシャはモダックと呼ばれる蒸したお菓子（写真左上）を好むとされるため、モダックを用意する

マネギやニンニクなどの土のなかで育つ根菜類も食べてはいけないとされている。そのような人びとからすれば、牛や豚はいうまでもなく、野菜であってもタブーの対象となるのである。ちなみにインド全体のなかで菜食主義者は人口の約二〇パーセント（約二億人）であるといわれており、そのほとんどがヒンドゥー教徒とジャイナ教徒であると思われる。インド人であっても、クシャトリヤ以下のカースト集団や、イスラーム教徒、キリスト教徒、シーク教徒らには肉食へのタブーは少ない。もともと中央アジアやインドでは、肉は武勇や男らしさと結びついており、中央アジアの騎馬民族を祖にもつムガル帝国のイスラーム教徒や、クシャトリヤという武士階級のあいだでは、肉食が盛んである。

さて、菜食主義者が厳格にこの立場を守ろうと思うと、人びとは外出先や旅行先でどこでも自由に食事ができるというわけにはいかなくなり、いきおい家での食事が最も安心かつ望ましいということになる。インドで近年になるまで長い間「外食文化」が育たなかったのは、実は、この集団によってさまざまに異なる食の禁忌や、食にまつわる浄・不浄観（たとえば、作り手が誰なのか、またどのような意図を持って作ったのかなど）が大きく影響しているといえるだろう。

筆者がムンバイ発デリー行きの寝台列車に乗っていたときのことである。三人かけの長いすが向かい合った六人用のコンパートメントで、一緒になった乗客がにぎやかに歓談していたが、夕食の時間になり、それぞれが車内で注文した弁当を食べ始めた。筆者の前に腰かけていた若い夫婦は、家から持ってきたと思われる弁当をおもむろに取り出して食べ始めたが、彼らの前に座っていた中年の男性は「ノン・ヴェジ」弁当を食べていた。それを見た夫婦は、「申し訳ないのですが、私たちはジャイナ教徒なので、私たちの目の前ではノン・ヴェジを食べないでもらえますか」と頼み、ノン・ヴェジを食べていた男性が食事のあいだだけ隣のコンパートメントへと移ったことがあった。このジャイナ教の夫婦は一泊二日の車中に必要なすべての食糧を家から持参してきており、決して外のものを口にしようとはしなかった。

浄性を気にする高位カーストのインド人といえども、いまや公共の場や職場などにおいて、異なるカーストや宗教の人との日常的な接触関係をもたないでいることは不可能である。しかし、かつて厳しく定められていた異カースト、異教徒との共食の禁止とは、単なる理念上の浄・不浄観にとどまらず、このような多様な食の禁忌をもつ人びとが周囲に存在するインドの社会状況のなかで、むしろお互いの食慣行に介入しない／させないという、実質的な対応であったとも理解できるのではないだろうか。

なお、インドの菜食主義の根拠はあくまでも不殺生という思想によるものであり、動物性食品の禁止が目的だというわけではない。したがって、牛や水牛、またヤギの乳のような動物性食品は広く食されており、インドの人びとの食生活には欠かすことができないものである。一日に何度も飲まれる、たっぷり砂糖と牛乳を入れたチャイ（茶）や、パニールというチーズ、ヨーグルト、バターミルクなどをはじめとして、乳製品は非常に豊富である。

写真3　ハリタリカ・プージャーという家庭祭祀。このような祭祀で供物を用意するのは女性の重要な役割である

4　飲酒は不健康で不道徳か

菜食や肉食という食の禁忌と密接に結びつくものとして、飲酒の問題がある。日本では、酒は神様への供え物として広く用いられており、初詣や神事の際などには神社内で「御神酒《おみき》」が振る舞われることも多い。また、百薬の長などと呼ばれ、適度な飲酒はむしろ健康に良いとの見方もあり、日本の食文化においては欠かすことのできないものである。

だが、インドでは事情はまったく異なっている。近年は大きく変わりつつあるとはいえ、インドにいる日本人旅行者やビジネス出張者の多くが食事の際に困ることの一つに、酒をおおっぴらに飲むことのできる場所が限定されている、ということがある。グジャラート州のように州の法律で酒の販売や提供を禁じている州もあるほど、一般的に飲酒は、インドでは不健康で背徳的なものとして見なされている。また、全面的な禁酒とまでいかずとも、宗教的な祭礼や選挙の前日などには、全国的に酒の販売や提供が禁止されている。

禁酒の風潮が一般庶民にも広まったのには、一九七〇年代に農村を中心として展開された、女性運動と結びついた禁酒運動の影響が見逃せない。夫の過度な飲酒により家庭内暴力や貧困に苦しむ女性たちが、酒の廃絶を訴えて村むらを行進し、酒場などを営業禁止に追い込むということが草の根レベルで広範囲に繰り広げられた。このような禁酒運動を通して、酒は堕落や不道徳の源であり、避けるべきものというイメージが飲酒には付与されることになった。

酒に対するこうした庶民の否定的感情は、インドにおける飲酒に関して、ふたつの異なる慣行を生み出している。ひとつは、西洋化された都市部の富裕層のあいだで、ウォッカ、ウイスキー、そして近年ではワインなどの洋酒が飲まれるというものであり、特にムンバイやバンガロールなどの大都市では、これまでのような富裕層だけでなく、企業で働く新中間層の若者のあいだでも親しまれるようになっている。グローバル化にともなう消費文化の広まりとともに、いまや若い層を中心に飲酒への忌避感は薄れつつあるといえるのだが、彼らの多くも両親の前では決して飲酒せず、家では飲まない（飲めない）のだという。

写真4　プネーのヴェジ・ターリー。チャパーティーとパパット、カリー、ダール（豆）、3種類のサブジ（野菜）、つけあわせの赤カブのサラダ、ココナッツのチャトニー

もうひとつは、農村や都市の労働者を中心とした、違法で安価な密造酒の販売と飲用である。この場合は酔えれば何でもよいとばかりに、原料にはメチルアルコールなどの危険物が用いられることもあり、毎年、違法密造酒のせいで命を落とす人が後を絶たない。禁酒州のグジャラートでは、禁止しているから人びとが粗悪な密造酒に手を出してしまうのだ、解禁にすれば問題は解決するという議論がしばしば引き起こされるが、二〇一一年現在で州政治の政権を握るヒンドゥー至上主義政党のBharata Janata Party（BJP）は、禁酒法を変更する予定は今のところないようである。

5　食医薬と健康観

(1) アーユルヴェーダに基づく健康法

浄・不浄と同じくらいインド人の食生活の基礎となる考え方に、熱い／冷たいという食の分類法がある。これは、アーユルヴェーダというインドの伝統医療の考えに基づくものである。アーユルヴェーダは、近年では日本にも、マッサージによる美肌効果や痩身効果が期待できる美容として広まりつつあるが、もともとはアーユル＝生命、ヴェーダ＝科学・知識、すなわち「生命の科学」と訳される、れっきとした医学であり、必ずしも美容にはとどまらない包括的な広がりを有するものである。アーユルヴェーダは紀元前からおよそ一〇世紀かけて体系化され、紀元後七世紀ごろには成立したとされている。その実践は、内科的治療を説く『チャラカ・サンヒター』と、外科治療も含んだ『スシュルタ・サンヒター』、そして両者をまとめた『医学八科精髄集成』などの古典医学書に基づいて行なわれている。かつてはヴァイッダャと呼ばれる世襲的な医術者が担っていたが、現在では大学の医学部で勉強し、国家試験に合格したアーユルヴェーダ・ドクターが主流となっている。

さて、アーユルヴェーダでは、「トリドーシャ」とよばれる三要素理論が重要である。すなわち、人は自分に合ったヴァータ（風）、ピッタ（胆汁）、カパ（粘液）という三要素のバランスが取れている状態を健康といい、気候、環境の変化や食生活の偏向などにより、これらのバランスが崩れることから病気が引き起こされるとされる。そのため、季節や居住環境、また体調に合わせて適切な食物を食することが健康を保つためには必要である。この場合の適切さには、その食材が持っている熱い、冷たいという性質が大きく関係している。

たとえば、マンゴーやパパイヤなどは熱い食べものの代表であり、妊娠して身体が「熱い」状態にある妊婦は、これらの食べものを食べすぎると、体内の熱が過剰になり流産しやすくなるといわれている。また、ダールやナッツなどの豆類や肉類、小麦などの穀類は一般的に熱い性質をもつ食べものであり、病気や発熱した際には、これらの食事は避けられる。顔のできものや発疹などは、暑い季節に熱い食べものを食べることで、過剰になった熱が体外に放出されたためだと説明される。そのときは、清涼・消毒作用があるターメリック（うこん）を水に溶かしたものを肌につけたり、少し高価だが、白檀《びゃくだん》をすりおろして水を加えて練ったものを天然のパックとして使ったりする。反対に、気温が下がる冬にはチャイ（紅茶）にショウガをいつもより少し多めに入れて煮出したり、ゴマのお菓子を食したりする。

一方、ヨーグルトやバターミルク、キール（ミルク粥）、キュウリ、コカム（酸味のある果実）、バナナなどは冷

写真5　アーユルヴェーダ道場で供される食事。通常の食事に比べて香辛料や塩、砂糖が少なく、素材を生かした味つけとなっている

写真6　街角の茶葉スタンド。客の好みのブレンドで量り売りをしてくれる

たい食べものであり、食事に取り入れることで、暑い夏などには身体を冷やしてくれる作用があるという。「ピッタ」（胆汁）が強い人はあまり「熱い」食べものを摂取しないほうがよいとされるため、同じチャイにも、「熱い」ショウガではなく「冷たい」カルダモンを入れるなどの工夫がなされる。

こうしたアーユルヴェーダに基づく食事慣行だけでなく、薬草の利用も健康維持には欠かせない。たとえば、ニーム（インドセンダン）は身体を「冷たい」状態にする薬草であり、水疱瘡のような熱い状態を鎮める効能があるとされ、家庭治療ではよく用いられていた。インドと同様にアーユルヴェーダが盛んなスリランカでの調査によると、家庭で利用される薬草の数はコロンボ郊外でも五九種類にも及ぶという[7]。風邪や下痢、発熱、おう吐といった日常生活のなかの身近な不調には、いまでもアーユルヴェーダの食医薬が利用されることが多い。

既述したように、一六世紀に唐辛子がポルトガル経由でインドに入ってくるまで、インド料理における最も辛い香辛料はコショウだった。アーユルヴェーダではコショウは消化を助け、食欲を増進する効果があるとされ、また打撲の外用薬としても重用されていた[8]。唐辛子のような刺激の強い食材は、食べると荒々しく気性が激しい状態にする「ラジャシック」なものとみなされ、野菜や穀類のような穏やかさをもたらす「サトヴィック」な食材とは対比されている[9]。このように、どのような性質の食材を口にするかによって、その人や集団の気質までもが左右されると考えられている。

（2）高まる健康志向

人びとの生活に身近なため、ふだんは当たり前すぎてとくべつ意識されずに実践されているアーユルヴェーダであるが、近年では健康志向が高まる都市のミドルクラスの間で人気が高まっており、伝統医療の新たな解釈や再創造が進められている。

ムンバイから九〇キロほど離れたロナワラという高原地帯は、植民地期には湿気の多いムンバイの気候を嫌ったイギリス人らによって恰好の避暑地とされ、いまでも有名な別荘地となっている。そこには、アーユルヴェーダやヨーガの道場《アーシュラム》がいくつも設立されており、欧米人や在外インド人、さらにはミドルクラスのインド人らに大人気である。とくに注目されているのは、アーユルヴェーダ・ドクターの診察を受けながら、一週間から一か月ほど毎日食事療法とヨーガ指導を受ける、滞在型治療である。

アーユルヴェーダ施設では、それぞれの体質に合わせた食事が提供されるが、共通しているのは、塩分や香辛料を控えた菜食料理に白湯である。筆者がロナワラのアーユルヴェーダ施設をいくつか見学した限りでは、こうした道場へやってくる人びとは、肥満や高血圧などの持病を抱えているということも当然あるが、多くの人はスポーツジムのようなフィットネス・スタジオで単に体重を落として健康になるのではなく、より精神的な効果を求めているようである。すなわち、これまでの古典医学としてのアーユルヴェーダというよりは、心身に浄化をもたらす、癒し効果の高い健康法として受け入れられ始めているということである。これは、アーユルヴェーダの重要な一技法であるヨーガの、近年におけるインド国内でのリバイバルとも無関係ではないだろう。

インドでは、一九九〇年代以降の経済自由化にともなって、これまでの伝統的な職業や共同体を離れ、経済的上昇を果たす人びとが生まれる一方、社会関係の変化や将来の不確実性への苦悩も広がっている。[10] このようなミドルクラスの苦悩に対処し精神的な安定をもたらすものとして、現代風にアレンジされたアーユルヴェーダやヨーガが人気を呼んでいるのだ。一九七〇年代に欧米の若者の間で広まった、反ベトナム戦争や学生運動の高まりとも呼応するヒッピーブームにおいては、西洋社会の行き詰まりや閉塞感から、インドのヨーガやアーユルヴェーダが人気を集めた。欧米の人びとは、西洋ではもはや失われた精神世界を「インド的なもの」に見出したのである。こうした欧米経由で発見された「インド的なるもの」がグローバル化のなかでインドへ逆輸入され、経済発展と健康志向の高まりのなかで、とくにミドルクラスにとっては新たな消費の対象となっているのである。

6 新たな「インド料理」の創造

広大かつ多様なインド世界では、地域、カースト、宗教によってそれぞれ食文化は異なっており、一言でインド料理とは何か、と表現することは難しい。すでに述べたように、イギリス植民地期に世界各地へと移住したインド系移民たちは、それぞれの地域にコミュニティを形成し、生計の手段として「インド料理」を提供してきた。ここでの「インド料理」とは、日本でもおなじみのナーンやタンドール・チキン、チキン・ティッカをはじめとした、北インドを中心に発展したムガル料理であることが多い。

筆者はこれまで世界の各地で「インド料理」を食べてきたが、調査地であるマハーラーシュトラ州の、粗糖を使った甘くてコクのあるアームティ（豆のカレー）や祭礼など特別な日に食べられるプーランポーリー（チャパーティーの中にヒヨコマメと粗糖でつくった餡を包んで焼いたもの）にはついぞ出会ったことはない。これら各地の家庭食は、インド国内でも提供しているレストランは稀であり、家庭でしか味わうことのできないものである。このように粗糖を用い、甘めの味付けの菜食料理が特徴であるマハーラーシュトラ料理であるが、一方で、同じ市内に住む住民であっても、マラーター・デーシュムクというクシャトリヤの家庭に食事に呼ばれると、マトンを柔らかく煮込んだ濃厚なグレービー（*muttonacha rassa*）のような、香辛料と唐辛子を多用する、ヴァラエティ豊かなノン・ヴェジ料理に驚かされる。筆者がつい「アームティは？」と聞くと、友人には「アームティはほとんど食べないよ。バラモンじゃあるまいし」と鼻白まれてしまった。食事の中身はもちろんのこと、「ウシュタ」という不浄の観念や、食べものの呼称もカーストによって異なっているため、長年下宿をしているバラモン家族に教え込まれた食事作法では、しばしば他のカーストの友人にお高くとまっていると思われてしまうのは、筆者にとっては難しいと同時に、身近なところでインドの食文化の多様性をあらためて実感する機会でもある。

それでは、このように地域やカーストによって多様なインドの食文化から、どのように「インド料理」はつくられたのだろうか。国民料理としての「インド料理」が形成された過程を料理本の変遷から分析するアルジュン・アパデュライは、一六世紀からインドを支配したムガル帝国の宮廷料理と、一九世紀以降の大英帝国支配下の植民地料理が、「インド料理」へと取り込まれていったのだと論じている。[11]

ムガル料理とは、中央アジアのイスラーム王朝であったムガル帝国がインドにもたらした、ペルシア、中央アジア、北インドのフュージョン（融合）料理である。初代皇帝のバーブルは、祖国中央アジアの食を懐かしみ、イスラーム世界から料理人を連れてきたといわれるが、三代目のアクバル帝のころには、インド各地からそれぞれの地域の食材とレシピを携えた料理人が召し抱えられ、宮廷内で互いの料理を競い合い、また学び合った。[12]その後も、ムガル帝国の皇帝や貴族たちは、帝国内の巡行や、避暑地での長期滞在、また戦争や婚姻などを通して各地の料理を新たに北インドに持ち帰り、宮廷料理へと融合した。このようにして、イギリスがインドにやってくるころには、ムガルの宮廷料理というものが確立され、帝国内に広がりつつあった。

そして、イギリス植民地期には、インドにやってきた東インド会社の職員やイギリス人官吏らによってはじめて「カレー」という料理分類が確立される。もともと、この言葉は、「インド人がバター、インドの木の実の果肉…カルダモンや生姜をはじめ、ありとあらゆる香辛料を入れ…さらにハーブ、果物、および千種類ほどの調味料を加えてつくり…炊いた米の上にたっぷりとかける〝スープ〟」を「カリル」または「カレー」と呼んでいたものを、ポルトガル人が「カレー」と呼び、それをイギリス人が借用したことに由来する。[13]植民地支配の過程で、インド人の使用人がつくる現地料理に次第になじんでいったイギリス人によって、インド各地域の多大かつ微細な差異をもつ、とろみのあるソースや汁気を帯びたあらゆる料理が、「カレー」として総称されるようになったのである。

このような植民地インドの「カレー」は、帰国した東インド会社の社員やその家族らによって本国にもたらされ、イギリスの食生活のなかにも広く浸透していく。その際の重要な変化としては、インドでは原則、調理のたびにフレッシュな香辛料がその場で挽いて用いられるのに対して、ヨーロッパにもたらされたカレーは、最初から配合され粉末状になった「カレー粉」であったという点である。瓶詰されたカレー粉は、その利便性とあいまって、世界各地に「インド料理」を広げるきっかけとなった。

こうして成立した「インド料理」を国民料理にまで引き上げたのは、一九六〇年代以降に国外に居住するイン

写真7　路上のスパイス売り。村には市がたつ火曜日にやってくる

写真8　チャパーティー作りの様子。一枚一枚チャパーティーを薄く伸ばして焼くのは、食事作りのなかで最も時間のかかる作業である

ド系移民らにより英語で書かれた料理本の存在である。[14] 植民地期に新天地に旅立ったプランテーション労働者の子孫や、インド独立後に出稼ぎや留学、結婚などで故郷を遠く離れ、外国に暮らす在外インド人たちは、これまで家庭内で伝統的に継承されてきた料理が途切れたため、出版された料理本や料理教室を通して故郷の味を再現することを余儀なくされた。こうした料理のテクスト化が、インド料理を洗練され専門化された国民料理へと変貌させるのに大きな役割を果たしたのだという。

同様に、在外インド系作家による英語の小説のなかに表われるアメリカやイギリスのインド系移民コミュニティにおいては、同じインド系同士でともに食事をつくったり食べたりするということが、コミュニティ間の境界を策定したり、内部の社会的紐帯を強めている様子も描かれている。[15] このような料理本や文学作品を通じた料理のテクスト化こそが、グローバル化のなかで、国境を越えた「インド料理」の形成とその共有をもたらしたといえるだろう。

7 グローバル企業のインド化

一方で、外国との関わりはインド料理に変化をもたらすだけでなく、インドに進出するグローバル企業にとってもインドの食文化に合わせた食のローカル化が求められている。グローバル化は決して一枚岩的に進展するのではなく、ローカルな文化的規範に翻訳しなおされることで、新たな食をつくりあげることがある。

たとえば、よく知られた事例であるが、マクドナルドのメニューには、インドに進出した一九九六年当初から牛肉と豚肉は一切使われておらず、日本にはないジャガイモのコロッケを挟んだ菜食バーガーや、羊肉を使ったバーガーが主力商品となっている。さらに、調理スタッフのあいだではノン・ヴェジ製品を扱う人とヴェジのみを扱う人は厳密に分かれており、制服の色を変えるなどして客からもはっきりとわかるような仕組みとなっている。これは、菜食主義者にとっては、肉を触った人のつくった食事を口に入れることで不浄が伝染することを防ぐための対策である。かつてマクドナルドより早くインドに進出したケンタッキー・フライドチキンでは、牛肉を使っているという噂が出て、ヒンドゥー教ナショナリズムの暴徒に襲われたという事件もあり、現地の食文化への適応は、今やグローバル企業の重要な戦略の一つとなっている。

成長率八〜九%と急激な経済成長をとげる人口一一億人のインドは、グローバル企業にとっても非常に魅力的な市場である。こうした努力の甲斐もあってか、マクドナルドをはじめとしてピザ・ハットやドミノ・ピザ、サブウェイなどのアメリカ産ファストフード店は、いまでは都市に住むミドルクラスの大学生や家族連れに大人気となっており、彼らの食生活にも欠かせないものになりつつある。また、これまでインド料理以外のものといえば、そのほとんどがインド化された中華料理に限られていたのが、ここ一〇年ほどのあいだに、各地で本格的なイタリア料理やフランス料理、タイ、マレーシアなどのエスニック料理、寿司バーなどが次々とオープンし、食の多様化が進展している。

これは、九〇年代以降の経済自由化に伴い、経済力を得たインドの新中間層が、新しい消費文化として食をとらえるようになっていることと関係している。これまで食は、カーストや宗教といった自他の境界を維持し、再構築するものとして機能していたが、今日では、グローバルな食文化を取り入れることが、カーストや宗教を超え、新中間層という、特定の消費行動や価値観を共有する集団に自らを同一化させることにつながっている。人びとは競ってグローバルな食を求めることで、新たな自己アイデンティティを確立しようとしているのである。その一方で、カーストの下位集団の間では、これまでの肉食を放棄し、菜食主義のような上位カーストの食文化を模倣することで地位の向上をめざす、いわゆるサンスクリット化も進展している。

都市部におけるグローバルな食の流行や、他カーストの食文化の模倣や取り込みといった近年の食をめぐる動向は、まったく異なるベクトルを持ちながらも、インドの食が、今日でも自己と他者の社会関係と強く結びつきながら、変化の只中にあるということを示しているのである。

【参考文献】

(1) 常田夕美子『ポストコロニアルを生きるインド女性の行為主体性』世界思想社、2011
(2) 佐藤正哲・中里成章・水島司『世界の歴史14　ムガル帝国から英領インドへ』中央公論社、1998
(3) エルツ・ロベール『右手の優越―宗教的両極性の研究』(吉田禎吾ほか訳) ちくま学芸文庫、2001
(4) 永ノ尾信悟「通過儀礼」辛島昇ほか編『南アジアを知る事典』平凡社、2002
(5) 小谷汪之『罪の文化―インド史の底流』東京大学出版会、2005
(6) 小磯千尋・小磯学『世界の食文化8インド』農文協、2006
(7) Higuchi, Machiko, 2002, *Traditional Health Practices in Sri Lanka*. VU University Press.
(8) 小磯千尋・小磯学『世界の食文化8インド』農文協、2006
(9) コリンガム、リジー『インドカレー伝』(東郷えりか訳) 河出書房新社、2006
(10) 中島岳志『インドの時代―豊かさと苦悩の幕開け』、新潮社、2006
(11) Appadurai, Arjun, 1988, 'How to Make a National Cuisine: Cookbooks in Contemporary India. *Comparative Studies in Society and History* vol. 30, pp.3-24.
(12) コリンガム、リジー『インドカレー伝』(東郷えりか訳) 河出書房新社、2006
(13) コリンガム、リジー『インドカレー伝』(東郷えりか訳) 河出書房新社、2006, pp.150-151.
(14) Appadurai, Arjun, 1988, 'How to Make a National Cuisine: Cookbooks in Contemporary India. *Comparative Studies in Society and History*, vol. 30, pp.3-24.
(15) 田口陽子「コンタクト・ゾーンからみるインド料理―国民料理の形成と記述をめぐって」田中雅一・稲葉穣編『コンタクト・ゾーンの人文学2物質文化』晃洋書房、2011, pp.127-148.

Column 5

インド人が牛を食べない、もう一つの理由

松尾　瑞穂

インドを歩けば、道路であろうと市場であろうと牛が悠々と歩きまわっている様子をあちらこちらで目にする。インドでは５つの州で牛の屠殺が法律で禁止されているし、牝牛を休養させる「牛舎」や、乳が出なくなった老牛などの家畜を引き取る「家畜養護院」が約3,000か所もある。牝牛の「５つの贈り物（パンチャ・ガーヴィヤ)」、つまり、乳、ヨーグルト、ギー（精製バター)、尿、糞は特に浄性が高いとされる。そのうち牛の尿は儀礼的に飲用され、牛糞は練りあわせて農家の壁や床に塗ったり乾燥させたりして燃料にされる。ヒンドゥー教徒にとって、牛は欠かすことのできない重要な動物なのである。

だが、それは政治的に利用されたことで19世紀以降に強化された慣習だという見方もある。それによると、もともとヴェーダ時代（BC1500－600頃）のインドでは、牛は、祭儀のための重要な供犠獣で、神に捧げて食されていた。しかし、牛飼いとして育てられたというクリシュナ神の信仰が広まると、牛はしだいに聖化されていった。また、イギリスがインドを支配するようになると、宣教師たちは、ヒンドゥー教を多神教の偶像崇拝に満ちた、堕落した宗教だと説いてキリスト教への改宗を図った。それに対しヒンドゥー教徒は、「生き物を殺して肉を食うイギリス人（キリスト教徒)」と非難した。

ヒンドゥー教徒が、支配者であるイギリス人（キリスト教徒）に見出した欠点が「肉食」であり、このような「牛食い人種」に対して「殺生をしない倫理性の高いヒンドゥー」という文化的アイデンティティが強調されるようになった。19世紀後半になると、その矛先はイギリス人からインド人ムスリムに向かった。

1893年から1917年にかけて、牛を屠殺するムスリムの犠牲祭りに反対したヒンドゥーによる大規模な暴動が各地で起こり、両者の対立はますます激化した。独立運動の指導者ガーンディーは、このことを憂慮し戒めながらも、ヒンドゥーの求心力を高めるためには牝牛保護が重要だとし、自らも「全インド牝牛保護協会」の指導者となる。こうした一連の流れが、牛を保護するヒンドゥーというアイデンティティの形成の強化につながった。

牝牛保護運動は、今日でもヒンドゥー至上主義団体により推進され、ヒンドゥー至上主義政党が政権を握った州では牛の屠殺禁止法が提案された。このように、インドで今日あたりまえとなった「牛を食べない」食のありかたは、単にヒンドゥー教徒にとって牛が宗教的に神聖というだけの問題ではない。植民地支配下の支配者であったイギリス人（キリスト教徒）への倫理的対抗や、独立運動下で高まったムスリムとの対立によって政治的・経済的に強化され、広まったという側面もあるのである。

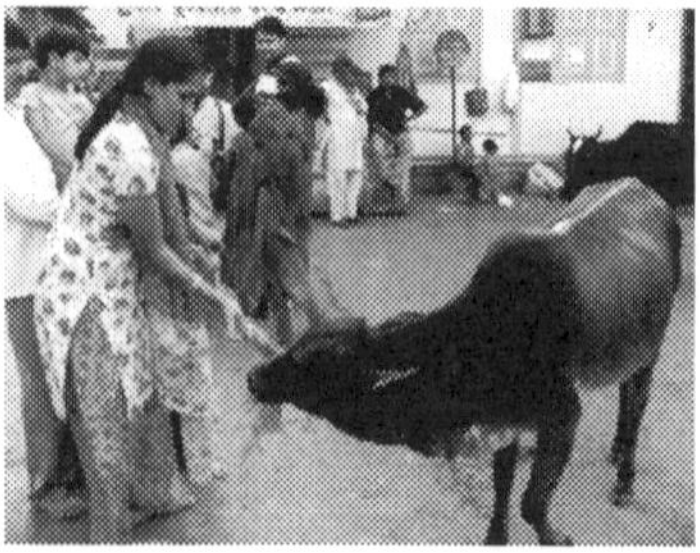

牛へ飼料を与えるのは、ヒンドゥー教にとって善行だと考えられている

3 都市化と食景観の創造——広州の広東料理

河合 洋尚

1 中華料理のなかの広東料理

(1)「四大料理」と「八大料理」

中国は日本の約二五倍の面積をもつ大国であるため、気候も生業もさまざまである。したがって一口に中華料理といっても一様ではない。たとえば、伝統的には、中国の北方では麺が主食であったのに対し、南方では米が主食であったといわれる。(1) また、北京、上海、広州といった沿海部の食はそれほど辛くはないが、四川、湖南、貴州、雲南などの西南地方の料理は、日本人にとっては驚くほど辛い。

中華料理はそのように多様で豊かな食の総称であるので、地方ごとの特色に応じて、「四大料理」や「八大料理」に分けられる。そのうち、「四大料理」とは山東《さんとん》料理、淮揚《えよう》料理、四川《しせん》料理、広東《かんとん》料理を指すが、それに北《べ》京《きん》料理、安徽《あんき》料理、湖南《こなん》料理、福建《ふっけん》料理を加えたものが通常は「八大料理」と呼ばれる。これらの料理は、調味料や調理法が異なるため味も異なる。たとえば、四川料理と湖南料理はともに辛いことに特徴があるが、前者が山椒のしびれる辛さを特徴とするのに対し、後者は唐辛子の辛さを特徴とする。他方で、山東料理は葱とニンニクを大量に使うのに対し、広東料理は一般的に甘味を特徴とする。

図1　広東省略図

また、中華料理には食をめぐる観念や習慣の地方的な差異も大きい。一例をあげると、北方では年越しの際に餃子を食べる習慣があるが、同様の習慣は南方には少ない。また、「中国では出された食事を残すのが礼儀」と記している旅行ガイドブックもあるが、南方の家庭では出された料理をすべて食すよう要求されることがある。だから、中華料理に言及する際には、いつ、どこの、どの料理に言及するかを明確にしておかなければならない。そこで以下では、二一世紀初頭の広州における広東料理を中心に紹介することとする。

(2) 三種類の広東料理

広東料理は、日本の街角やレストラン街でもよく見かける名前である。広東料理は、四川料理や北京料理と並び、おそらく日本で最も名の知れた中華料理の一派である。しかし、本場の広東では「広東料理」と一言では表さず三種類あることを、どれだけの人が知っているだろうか。広東では、粤《えつ》料理、潮州《ちょうしゅう》料理、客家《はっか》料理の三種（地元ではそれぞれを「粤菜《○ユッチョイ》」、「潮汕菜《△デュオスワツァイ》」、「客家菜《□ハッガーチョイ》」と呼ぶ）に区別されており、これら三種の広東料理には次のような特徴がある（図1）。

①粤《えつ》料理―広東中部の広州から香港あたりにかけて分布する料理。図1で見ると、珠江の下流に位置する。ここの住民は粤語《えつご》（日本でいう広東語）を主に話す広府《こうふ》人である。粤《えつ》とは広義には広東を意味するが、歴史的には広府《こうふ》人を指す言葉であった。だから、粤《えつ》料理は、広府《こうふ》人の料理を指している。粤《えつ》料理は比較的甘く、ヤ

ムチャ（飲茶）などで知られる。

②潮州《ちょうしゅう》料理―潮州、汕頭《スワトウ》の周辺に住む潮州《ちょうしゅう》人の料理。図1で見ると、広東東部を流れる韓江流域に位置する。海鮮料理が有名で、比較的あっさりしているため、日本人の口にも合う。広州や香港では高級レストランで出されることも少なくない。庶民的な店でも「潮」の文字が入った飲食店は、たいていが潮州《ちょうしゅう》料理の系統に属する。

③客家《はっか》料理―広東の東北部から中部にかけて位置する、客家《はっか》人の料理。図1で見ると、梅江および東江流域に位置する梅州、河源、恵州などの地域で分布している。民間伝承によると、客家人はもともと北方の漢族であり、遅れて広東に移入した。だから、客家料理には北方の要素が含まれると現地で考えられる傾向がある。一般的にやや塩辛く脂っこい。

以上の三つの広東料理のうち、日本人が想像する広東料理は一般的に粤《えつ》料理である。逆に言えば、日本の広東料理は、粤《えつ》料理をベースした料理に画一化される傾向が強い（ただし多くは日本風にアレンジされている）。したがって、日本で本場の潮州《ちょうしゅう》料理や客家《はっか》料理を味わえる機会は限られている。

2　広東料理、その食の世界

⑴　代表的な広東料理

「食は広州にあり」という言葉をどこかで耳にしたことはないだろうか。広州は、紀元前には城が築かれていた歴史都市であるが、その広州が経済的に飛躍したのが清代中期（一八世紀）であった。当時の皇帝であった乾隆帝が一七五九年に鎖国令を発布したことにより、その後一〇〇年近くの間、広州は中国の対外貿易を独占する

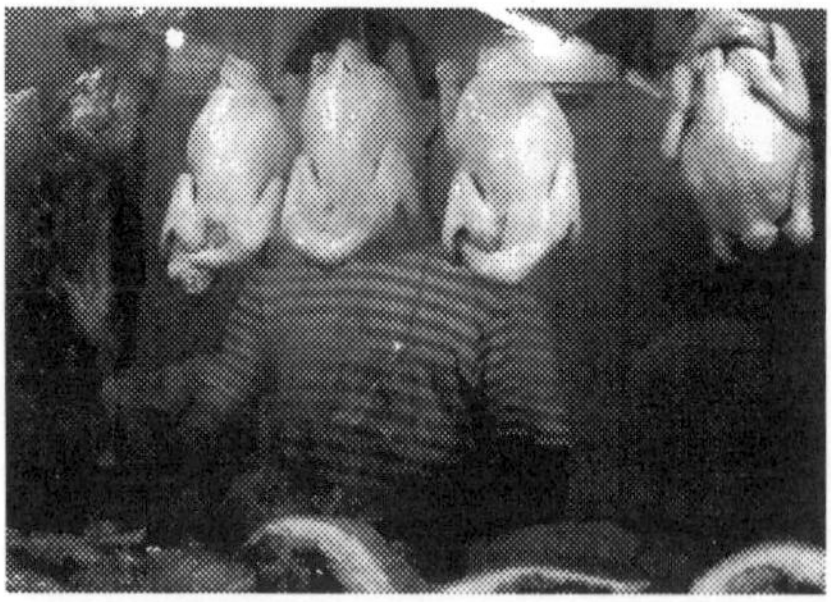

写真1　粤料理［左］焼鵞（左端に掲げてあるガチョウの丸焼き）、［右］腸粉

ことになった。その関係で、広州には世界中からさまざまな食材が輸入されるとともに、いくつもの飲食店が建設された。

上記の説明にあるように、広東の中部に位置する広州の料理は、伝統的には粤《えつ》料理に属する。しかし、都市化と外食産業の発達、観光化、グローバル化などの影響で、広州には中国のさまざまな地域の料理を看板に掲げたレストランが乱立するようになっている。もちろん、粤《えつ》料理、潮州《ちょうしゅう》料理、客家《はっか》料理の店も広州で多く営業されているが、興味深いことに、それぞれの料理はまったく異なったものとしてしばしば店頭や書籍などで強調されている。以下では、中国の旅行ガイドブックや広東文化の概説書にしばしば出てくる、代表的な広東料理を紹介する。

①代表的な粤《えつ》料理（写真1）

粤《えつ》料理は広州や香港における地元の料理であり、「叉焼」「焼売」「雲呑」など、日本でも知られる料理が比較的多い。これらは粤《えつ》語（広東語）でそれぞれチャーシウ（≒チャーシュー）、シウマイ（≒シューマイ）、ワンタンと読むから、広東語に由来する言葉であると考えられる。

広州や香港では、「叉焼《○チャーシウ》」を典型とする焼き料理が有名である。「叉焼《○チャーシウ》」は、豚肉を特製のタレと紹興酒をつけ、「叉子《○チャージー》」（先がフォーク状になった棒）で焼くから、「叉焼《○チャーシウ》」という。焼き終わった後は豚肉の表面が褐色になる。そのままご飯と食べることもあるし、チャーシューマン（叉焼饅）として食べること

もある。ほかには、ガチョウを特製のタレで焼いた「焼鵞《〇シウンゴ》」もまた、代表的な広東料理として知られる。(2)

その他、代表的な粤《えっ》料理としてしばしばあげられるのは、「粥《〇ジョッ》」と「腸粉《〇チョンファン》」である。「粥」は潮州《ちょうしゅう》料理でも代表的な料理とされるが、粤《えっ》料理と潮州《ちょうしゅう》料理とでは「粥」の作り方が異なる。その区別を説明する前に、中華料理の「粥」が日本の粥と異なることを確認しておく必要がある。日本の粥は、水分を多くして米をやわらかく煮たものであるが、中国の「粥」はさらに肉や野菜などを加えるので、むしろ日本の雑炊に近い。粤《えっ》料理と潮州《ちょうしゅう》料理はこの点で共通しているのだが、前者の「粥」は米粒が見えなくなるほど煮込むのに対し、後者の「粥」は米粒の形を残すという違いがある。粤《えっ》料理の「粥」は総称して「生滾粥《〇サングンジョッ》」と呼ばれ、その一種の「及第《〇カッダイ》粥《ジョッ》」などが代表的なものとなっている。もう一つの「腸粉《〇チョンファン》」は、中国の南方で好んで食される「粉」の一種である。中華料理でいう「粉」とは、米や芋などの澱粉を固めてつくったものを指す。たとえば、「米粉」(ビーフン)の「粉」もこの意味に該当する。ただし、「米粉」は米の澱粉でつくった「粉」を麺にして食すが、「腸粉」は腸のように太めに丸め、その中に肉や卵や野菜などの具を入れて食べる。

このように粤《えっ》料理では「粉」を愛用するので、たとえば広州では麺の代わりに「河粉《〇ホーファン》」(広州の沙河村でつくられた「沙河粉《〇サーホーファン》」を指す)や「陳村粉《〇ツァンチュンファン》」(陳村は広州の一地名)をヌードルとして食してきた。しかし、麺や餃子のような北方の食も今では南方にも伝えられているため、広州でもしばしば北方とは異なる形で麺や餃子を食べる。たとえば、麺を使った代表的な粤《えっ》料理として「雲呑麺《〇ワンタンミン》」が、餃子を使った代表的な粤《えっ》料理としてエビ餃子がある。

ただし、以上はあくまで広州のレストランでよく出されている代表的なもので、実際には一言で粤《えっ》料理といっても多様性がある。たとえば、世界に進出している粤《えっ》料理のなかには、現地化した独特のそれもある。(3)日本の広東麺などはその代表格で、これと同じ料理を広州で見かけることは滅多にない。逆に、広州の粤《えっ》料理店では「日《〇ヤッ》

写真2　潮州料理［左］砂鍋、
［右］功夫茶（茶道）の様子

本豆腐《ブンダウフ》」と呼ばれる料理がよく提供されている。これは卵豆腐を揚げた料理であるが、日本の名を使って創作された粤《えつ》料理の典型例である。また、広州の家庭でよく食されている貝柱は、日本の北海道から輸入されたものという。粤《えつ》料理は、実際には多様化や混合化が進んでいる。(4)

②代表的な潮州《ちょうしゅう》料理（写真2）

広州には高級レストランから庶民の店に至るまで潮州《ちょうしゅう》料理が実に多い。その代表格として広州で一般的にイメージされる飲食物は、「粥」、牛肉料理、海鮮料理、「功夫茶《△ガンフーデー》」の四つであるといっても差し支えあるまい。

先ほど触れたように、潮州《ちょうしゅう》料理の「粥」は、粤《えつ》料理のそれとは作り方が異なる。その違いの一つは、米の形を残すことであるが、もう一つは、「砂鍋《△スゥアウエ》」と呼ばれる壷状の容器を使って煮ることである（これを「砂鍋粥《△スゥアウエムエ》」という）。その鍋には、エビ、カニ、魚、蛙などを入れることが多い。

牛肉料理としてよく知られているのは、「牛肉丸《△グーネッイー》」である。「牛肉丸《△グーネッイー》」とは牛肉を団子のようにして丸め、そのまま麺類やスープに入れたり、炒め料理に用いたりする料理である。その他、牛肉を使った料理として、「沙茶《△サデー》」と呼ばれる調味料とヌードル状の「粉」を一緒に炒めてつくる「牛肉粿《△グーネッグエ》」がある。潮州やスワトウでは街中で「粿《△グエ》」の字を至るところで見かけるが、潮州《ちょうしゅう》料理ではこの「粿《△グエ》」を使った料理が多い。「粿《△グエ》」は、澱粉からつくった食物を広く指す言葉である。たとえば、「粿《△グエ》」を刀削面のように平たく切ってお湯で煮る「粿《△グエ》

写真3　客家料理［左］梅菜扣肉、［右］醸豆腐

汁《ザッ》」は、潮州《ちょうしゅう》料理の代表的な朝食となっている。

もちろん、潮州《ちょうしゅう》料理には牛肉料理しかないわけではない。「鹵肉《△ロウネッ》」と呼ばれる豚肉料理も有名である。沿海部に位置していることもあって海鮮料理が豊富であるため、ロブスター、エビ、カニ、魚、カキ、タニシなどを使った各種の料理を出す高級料理店も多い。

潮州《ちょうしゅう》料理はまたお茶でも有名である。潮州は茶の産地であり、潮《ちょう》州《しゅう》語の「茶《△デー》」は英語の「tea」やフランス語の「the」の語源である、と言われることがある。特に、フランス語の「the」は「テ」と読むので、その発音は潮州語に近い。潮州《ちょうしゅう》では、「功夫茶《△ガンフーデー》」と呼ばれる茶道の一種が存在する。「功夫茶《△ガンフーデー》」は茶の名前ではなく、小型の茶器を使ってお茶を注ぎ飲む一種の技法を指す。

③代表的な客家《はっか》料理（写真3）

客家は、広東だけでなく、福建、江西、広西、四川、香港、台湾などの省／地区にも広く分布している。だから、同じ客家《はっか》料理といっても、実際には地域によってバラエティがある。ただし、客家の本拠地は広東の梅州であると考えられることが多いので、広州で代表的とみなされる客家《はっか》料理は、梅州のそれとかなりの程度一致している。

潮州《ちょうしゅう》料理が牛肉料理で有名であるのに対し、客家《はっか》料理としてまずあげられるのが、塩を使って鶏をまるごと蒸した鶏肉料理（「塩焗鶏《□ヤンゴッゲイ》」という）と、豚の脂肪分を主に煮込んだ豚肉料理（「梅菜扣肉《モイツァイカウニョッ》」という）である。山岳部に位置しているためか、客家《はっか》料理には特別有名な魚料理は存在しない。もちろん、客家《はっか》料理には牛肉や魚を使った料理はあるが、その大部分はまだ客家料理として「発見」されていない。ただし、客家料理を代表する豆腐料理として、中に肉を入れた料理（「醸豆腐《ヨンテウフ》」という）がある。言い伝えでは、餃子の皮が南方になかったため、代わりに豆腐を使ってつくったのが「醸豆腐《ヨンテウフ》」の始まりだという。客家人が北方から南下した正統な漢族であることを証明するために、語られ受け継がれてきた食品であるといえる。

さらに、客家料理では、「娘酒《ニョンジウ》」という地酒が代表的なものとされる。「娘酒《ニョンジウ》」はもち米でつくったお酒で、味は甘く、梅州で広く愛用されている。女性は出産後一か月間、この酒を飲み続けなければならないと考えられている。ただし、「娘酒《ニョンジウ》」は、広東に隣接する福建や江西の客家地域には存在しない。また、江西の客家《はっか》地域の料理にいたっては辛く、広東のそれと味がまるで異なる。それゆえ、江西の客家《はっか》地域の料理は、広州では客家《はっか》地域の範疇に入れられていない。

（2）広州の食にみる医食同源

①広州の人びとは「熱気」に気遣う

「飛ぶものは飛行機以外、四足は机以外、何でも食べる」というのは、広東の食文化を形容する際によく使われる表現である。広東人はあたかもゲテモノ食いであるかのように言われることすらある。二〇〇三年に世界を震撼させたSARSも広東人のゲテモノ食いに原因があるとまで噂された。では、広東人は本当に何でも見境なく食べるのであろうか。確かに広東料理には蛇料理、犬肉料理、猫肉料理、さらにはサソリ料理まであり、食べても良いとされる動物のカテゴリーは日本よりもはるかに広い。しかし、その一方で、広東人は食事をする際に

表1　代表的な「熱い飲食物」と「冷たい飲食物」の一覧

熱い飲食物	羊肉、犬肉、ニラ、ライチ、マンゴー、フライドポテト、スナック菓子、白酒、唐辛子、沙茶ほか
冷たい飲食物	蟹、白菜、大根、スイカ、梨、ドラゴン・フルーツ、緑豆、涼茶、菊花茶、ビールほか
中性の飲食物	ご飯、パン、麺、水餃子、牛肉、豚肉、鶏肉、リンゴほか

「何を食べてはいけないか」を常に気にしており、日本人以上に食の類別と禁忌にはうるさい。なかでも広東人が特に注意を払っているのが、「熱い飲食物」と「冷たい飲食物」の摂取についてである（表1参照）。

食べ物を「熱い飲食物」と「冷たい飲食物」に分けるのは、アジアや中南米をはじめ世界に広く見られるが、中国全域でも広く普及している。中国のその知識は、もともと中国医学に由来しており、若干の地域差や個人差こそ認められるものの、人びとの間にも深く浸透している。

まず、中国人の飲食観念によると、飲食物は「熱い飲食物」と「冷たい飲食物」、あるいは両者のいずれにも属さない飲食物に分かれる。「熱い」「冷たい」といっても温度が高いか低いかに関係なく、前者が「陽」に、後者が「陰」に対応する。[5] たとえば、「熱い飲食物」を摂取しすぎると体が「熱い」（陽の）状態になり、さまざまな病気を引き起こすと考えられている。逆に、「冷たい飲食物」を摂取しすぎると体が「冷たい」（陰の）状態になり、別の病気を引き起こす。そのため、体が「熱い」状況である場合には「冷たい飲食物」を摂取するよう心がけるなど、体を常に中和（健康）の状態に保っておかねばならないと考えられている。

中国、少なくとも広州では、「熱い飲食物」を摂取しすぎて体が「熱い」状態になることを、俗に「熱気《○イッヘイ》」（中国語では「上火《シャンフオ》」）という。「熱気《○イッヘイ》」になると、頭痛（頭が重いタイプの頭痛）、風邪、咳、口臭、咽喉の痛み、ニキビ、便秘、結膜炎などの症状が表れると考えられている。逆に、「冷たい飲食物」を摂取して体を冷やすことを「去火《○ホイフォー》」（中国語では「降火《ジァンフォ》」）という。だが、あまりに体が「冷たい」状態になると、冷え性、虚弱体質、下痢、または足がつるなどの症状がでる。複雑なのは、「熱気《○イッヘイ》」になる度合いは気候や年齢とも関係しているということである。気温が低ければ「熱気《○イッヘイ》」になりにくいのに対し、気温と湿度が高ければ「熱気《○イッヘイ》」の状態になりやすい。広州のような気温と湿度が高い地域は、「熱気《○イッヘイ》」になりやすいので、「冷たい飲食物」を摂取して体を冷やすことを心がけなければならない。ただし、老人は体質的に「冷たい」状況にあるので、「冷たい飲食物」はなるべく避けたほうが良いとも考えられている。

では、広州では何が「熱い飲食物」、あるいは「冷たい飲食物」と考えられているのであろうか。両者のいずれにも属さない「中性の飲食物」を加え、前ページの表1に示した。表に示した以外にも、調理法により、中性の飲食物や「冷たい飲食物」が「熱い飲食物」に変わるものもある。たとえば、油で揚げた飲食物は「熱い」と考えられているので、鶏肉を揚げると、中性の飲食物から「熱い飲食物」に変わる。また、牛肉料理や豚肉料理に唐辛子を入れすぎても「熱い」料理になる。あまり「熱い飲食物」ばかりを食すと「熱気《○イッヘイ》」の状態になるので、その場合には「冷たい飲食物」を用意しなければならない。

以上のような食の類別は、若干の個人差はあるものの、広州または広東に限れば、一般化しうる考え方である。広州の人びとは「熱気《○イッヘイ》」にならないよう常に気を使って食事をとっている。「熱気《○イッヘイ》」かどうかを判断するときは、先に述べた病状のほか、尿の色を見ることがある。尿が黄色かったら「熱気《○イッヘイ》」の徴候があるというのである。こうした判断がどこまで科学的かについては中国でも議論されることがあるが、民間の健康観として重要な位置を占めていることは確かである。

②食材の区分けと食べてはいけないもの

広州人は、「熱い」「冷たい」の判断基準のほかに、慣習や栄養観などの基準から、特定の飲食物の摂取を制限または禁止することがある。まず、肉食の事例からあげるとしよう。

動物の肉は、宗教上の理由により、さまざまな禁忌が課せられる傾向にある。イスラーム教徒が豚肉を、ヒンドゥー教徒が牛肉を食べないことはよく知られている。ただし、広州では、宗教上の理由から特定の動物を食べてはならないというケースは稀である。広州にも回族《ホウェイ》等のイスラーム教を信じる人びとはいるが、その回族さえ豚肉を食べることがある。ましてや、広州の大多数を占める漢民族は、豚、牛、羊、鶏、鳩、魚、犬、猫、兎、蛇、亀、鼠など、さまざまな動物肉を食べる。また、サソリを食することもあり、そのまま焼いて食べることもあれば、スープにして食べることもある。

このように、広州ではさまざまな動物が食材として用いられているが、動物の肉はいくつかのカテゴリーに分けられている。たとえば、空を飛ぶ動物の肉と地を這う動物の肉は区別されており、前者はより栄養があると考えられている。また、豚肉や牛肉は「赤肉」、鳥や魚の系統の肉は「白肉」といわれ、「赤肉」は食べすぎると体に害を及ぼすので、体に害が少ない「白肉」を食べるよう薦められる。その他、動物の年齢によって食べてはならない肉も存在しており、なかでも老いた犬と子どもの猫を食べた人間は死ぬと考えられている。食す側の状態によっては有害になると考えられている肉もあり、たとえば妊娠中に鯉や黒い色のソウギョ（鯇魚）を食べるのは厳禁とされる。咳があるときは鶏肉を食べてはならないともされる。

果物もまた、いくつかのカテゴリーに分けられている。まず、柑橘類は、大中小それぞれ「橙《○ツァン》」、「柑《○ガン》」、「桔《○ガッ》」に分けられる。「橙《○ツァン》」はオレンジに、「柑《○ガン》」は大中型のみかんに、「桔《○ガッ》」は小型のみかんとキンカンに相当する。そのうち「橙《○ツァン》」は体に良く、「桔《○ガッ》」は咽喉にいいが、「柑《○ガン》」は食べすぎると体に良くないと信じられている。広州では、「桔《○ガッ》」は「吉」と同音であるので縁起が良いと一般に考えられており、春節（旧正月）の際には贈答品として使われる。

写真4　三種類のバナナ、左から大蕉、香蕉、粉蕉

同様に、バナナも、「大蕉《○ダイジウ》」、「香蕉《○ヒョンジウ》」、「粉蕉《○ファンジウ》」の三種類に分けられる(写真4)。日本でバナナと呼ばれるものは「香蕉《○ヒョンジウ》」に相当し、「香蕉《○ヒョンジウ》」よりもまっすぐ伸びて酸味のあるバナナが「大蕉《○ダイジウ》」、小さめのバナナが「粉蕉《○ファンジウ》」と呼ばれる。そのうち「香蕉《○ヒョンジウ》」は食べすぎると胃に悪いとされているが、「大蕉《○ダイジウ》」は排便を促進するなどの健康に良い作用があると考えられている。特定の柑橘類とバナナの摂取をめぐるこうした規制は、現地の栄養観に由来している。

その他、マンゴーとライチも食べすぎてはならないといわれる。ただし、柑橘類やバナナの事例と異なり、マンゴーとライチは、先に述べた「熱気《○イッヘイ》」になりやすいという理由による。広州では「茘枝三把火《○ライジーサムバフォー》」(ライチ三粒で「熱気《○イッヘイ》」になる)と呼ばれており、過多の摂取を禁じられている。ただし、「熱い」果物は塩水に浸しておくと「熱気《○イッヘイ》」になりにくいので、ライチやマンゴーは塩水に浸してから食べると問題が少ないともされる。その一方、スイカなどの「冷たい」果物を塩水に浸すことはない。日本ではスイカに塩を加えて食べることが多いが、広州人の食観念からすれば、それはおかしなことであり、何も調味料をつけないか、時折、砂糖や醤油を加えてスイカを食すのがふつうである。

このように、広州ではさまざまな肉や果物が食されているが、現地の慣習や栄養観、健康観により、いくつかの制限や禁忌が存在する。また、近年、「何でも食べる」と形容されてきた広東人の食生活も変化しつつある。若者層の間では「犬や猫や兎を食すのはかわいそう」とする見解が広まり、鯨を食べたり魚を活造りしたりする日本人のほうがよほど残酷であるという声すら聞かれるようになっている。なお、広東では、一部の地域で刺身が食されていたが、それ以外に生の動物を食す習慣は基本的になかった。ただし、近年では日本の回転寿司が広東全域に入るようになり、スーパーでも刺身が売られるようになっている。

3　広州の食、今むかし

（1）都市化と飲食産業の発達

かつての広州で最も飲食店業が盛んであったのは、下町であったと伝えられる。この下町は、広州城の西門付近の一帯にあったので、地元では「西関《○サイグァン》」と呼ばれている。特に、二〇世紀前半になると、都市化の進展に伴い、西関にはいくつもの茶楼が建てられた。茶楼とは、ヤムチャなどが提供される庶民的なレストランのことで、地元では「茶居《○チャゴイ》」ともいう。この頃、大規模な茶楼が次々と建てられ、茶楼の中で広東音楽が演奏されるなど、民国期（一九一一－四九年）の広州では、豊かな食文化が形成された。それゆえ、民国期までには、どこからともなく民間（人びとの間）で「食は広州にあり」という言い回しが使われるようになった。

ところが、一九四〇年代に日本軍が広州に侵略し、一九四九年に共産党政権が樹立すると、西関の多くの茶楼は閉鎖に追いやられた。一九七九年に改革・開放政策が始まると広州の飲食店業は再建され始め、一九八〇年代以降、食の多様化が生じた。

まず、広州においても郊外や開発区での都市化が進展し、西関以外の各地点で茶楼が林立するようになった。次に、四川料理、湖南料理、福建料理、さらにはイスラーム系の料理や日本料理、韓国料理、西洋料理の店が、広州で急増した。かつて粤《えつ》料理の中心地であった西関でも、今では四川料理、日本料理などの店をよく見かける。さらに、広州では、マクドナルド、ケンタッキー・フライドチキン、ピザハット、サイゼリア、味千ラーメンなど海外の飲食チェーン店までもが進出している。

他方、国内飲食チェーン店のなかで目を引くのが、涼茶産業の普及である。「涼茶《○リョンチャ》」とは、温度の冷たいお茶を意味するのでなく、先述した「冷たい」お茶を意味する。「熱気《○イッヘイ》」になった時に、あるいは「熱気《○イッヘイ》」の状態になるのを防ぐために飲むお茶であり、民国期の西関に起源するといわれる。しかし、ある西関の高齢者が言うように、「昔は貧しかったので、『熱気』であるかどうかを気にしている余裕はなく、涼茶は各家庭で必要に応じてつくる」にすぎなかったのである。しかし、一九九〇年代後半になると広州では涼茶の店が増加し、二〇〇八年には国家レベルの無形文化財として登録された。現在では、涼茶は「伝統文化」として店頭で売り出されているが、黄振龍（一九九六年開業）、平安堂、金胡芦（ともに一九九九年開業）など、街頭で涼茶を売り出す店が開設されたのは、むしろここ十数年のことである。

（2）食は広州にあり、味は西関にあり

こうして食の多様化が進むにつれ、広州における食文化の中心であった西関は次第にその特色をなくしていった。先にあげた「叉焼《○チャーシウ》」、「雲呑《○ワンタン》」、「腸粉《○チョンファン》」などの代表的な粤《えつ》料理は、いまや潮州など他の都市にも流入するようになっている。民国期の西関で発明された「娥姐粉果《○シーゼーファングオ》」という料理にいたっては、現在の広州や香港では、潮州《ちょうしゅう》料理として売り出されているほどである。

しかし、一九九〇年代より広州市政府は、中国の国内外からの観光客や投資客を誘致するために、都市の特色をつくりだす政策を推し進めるようになった。そこで重視されるようになったのが、「広州らしい」特色をもつ都市景観の建設である。そのなかで重視された項目の一つが、往年の食景観を再生させることであった。具体的には、広州らしい建築物をつくり、そこで広州特産の粤《えつ》料理を提供する政策を推し進めるようになった。特に、

写真5　西関におけるレストランの景観
［左］地域特色のある飲食店を再現、［右］小船を浮かべ旧事の景観を復元

西関では、「食は広州にあり、味は西関にあり」というスローガンを近年打ち立て、広州の食の中心が西関にあることを強調するようになったのである。

こうした政策の一環として二〇〇四年、広州市政府は、美食園と美食城を西関に建設するプロジェクトを打ち立て、そのうち、美食園は二〇〇四年八月に完工した。まず、それらの飲食店では、「広州らしい」景観として園林式の庭、青レンガの壁、煌《きら》びやかな窓、横木の門、小船などを装飾として用いた（写真5）。そして、「広州らしい」食である「叉《〇チャー》焼《シウ》」「雲呑《〇ワンタン》」「焼鵞《〇シウンゴ》」「生滾粥《〇サングンジョッ》」「腸粉《〇チョンファン》」などの粤《えつ》料理を提供し、広州特有の建物の中で広州の代表的な粤《えつ》料理を食べる文化的景観を再現した。他方で、美食城は、二〇〇九年一〇月にあるビルディングの地下に設けられたが、やはり上述の装飾を使い代表的な粤料理を提供する店を多く並べた。

西関における美食園と美食城の建設において注目できるのは、単なる「広州らしい」食の提供にとどまらず、よりローカルな「西関らしい」食が提供されはじめたことである。具体的には、地元で食されてきた一部の料理を西関の特色として宣伝し、西関料理を創造する作業が進められてきたのである。

その典型的な料理の一つであるのが「艇仔粥《〇テンザイジョッ》」である。それは、か

表2　五秀にまつわる一覧表

日本語名称	中国語名称	生産時期	日常以外の使用方法
レンコン	蓮藕	秋	初夜のときベッドの下に置く
シロナガクワイ	馬蹄	秋・冬	春節時の飴やケーキ（糕）として食べる
クワイ	茨菰	冬	春節時に神に捧げる
マコモダケ	茭白	春・夏	春節時の飴にする
ヒシの実	菱角	夏	竜舟祭の時の儀礼食

って西関の川で生活していた水上居民（蛋民）が、船の上で提供していた「粥」であるといわれる。一般的に「艇仔粥《○テンザイジョッ》」のなかには魚、厚揚げ、ピーナッツなどが入っている。水上居民が提供していたこの「粥」が地域的な特色を示しているというので、近年では「西関艇仔粥《○サイグァンテンザイジョッ》」、または「荔湾艇仔粥《○ライワンテンザイジョッ》」（荔湾は西関の行政区名を指す）の名で提供されるようになっている。後者の料理は、美食園や美食城にとどまらず、広州各地のレストランで提供されるようになっている。

次に、別の典型的な西関料理としてあげられるのは、「五秀《○ンーサウ》」を使った料理である（表2参照）。「五秀」とは西関の特産物として有名であった五種類の水生植物（レンコン、シロナガクワイ、クワイ、マコモダケ、ヒシの実）の総称である。西関では、これらの料理を使ったさまざまな料理が創作されている。一例をあげると、美食園のあるレストランでは「泮郷秀色《○ブンヒョンサウセッ》」という料理が提供されているが、この料理は、「五秀《○ンーサウ》」の五種類の水生植物すべてを一緒くたにして煮たものである。また、美食城では「水《○スオイ》菱角《レンゴッ》」という料理が最近になって提供された。興味深いことに、「五秀《○ンーサウ》」を使った料理は粤《えつ》料理だけでなく、西関の潮州《ちょうしゅう》料理店でも提供されている。そうすることで、外から来た観光客の気を引こうとしているのである。

その他、西関料理には、牛の各部位と大根をおでんのように煮て提供する料理（「牛《○ウガウ》雑《ザッ》」という）などがある。こうした典型的な西関料理は、近年では地元にまつわる伝説とともに紹介されるなど、それがいかに地元の伝統食であるのかがマス・メディアにより強調されるようになっている。[6]

（3）ホンモノの食とニセモノの食

これまで紹介してきた「西関料理」は、確かに昔から西関に存在したものである。しかし、近年レストランで提供されている「西関料理」は、しばしば慣習的な作り方や日常的な食べ方と異なっており、西関の人びとはそれらをニセモノと考えている。それではなぜ、レストランで提供される西関料理が、ニセモノと地元の人びとに考えられる傾向があるのだろうか。「艇仔粥《○テンザイジョッ》」と「五秀《○ンーサウ》」の事例が、その事情をよく説明する。

まず、西関の湖畔で水上居民がかつて出していた前者の料理には、魚、厚揚げ、ピーナッツだけでなく、クラゲ、ガチョウ、レタスなど、さまざまな素材が入っていた。それに対し、レストランで提供されている「艇仔《○テンザイ》粥《ジョッ》」には、クラゲやガチョウが入っていないことがほとんどである。特に異なるのがダシで、昔の水上生活者は特別な素材で「粥」のダシをつくっていたが、今では、水をただ沸かしてつくっているだけである。次に、「五秀《○ンーサウ》」は、確かに日常食または儀礼食として食されてきたが、現在のレストランで出される料理とは作り方や食べ方が違う。表2に記したとおり、「五秀《○ンーサウ》」の五つの水生植物の生産時期は異なっているので、それを一緒に炒めて食べるようなことはしない。このような地元の人びとの記憶や実践は、レストランで提供されている代表的な西関料理と大きく違っているため、〝レストランの西関料理〟は、地元住民によりニセモノと考えられているのである。

その他、美食園付近に住む人びとにとって「五秀《○ンーサウ》」は、日常食としてだけでなく、ハレの舞台で食す儀礼食でもある。たとえば、レンコンとクワイはペニスの形に似ているので生命力があると考えられているため、レンコンは初夜の日にベッドの下に置かれ、クワイは春節時に神に捧げられる。その他、クワイは季節の特産品としても重宝されており、旧暦五月五日の竜舟祭（ドラゴンボート・レース）の際には、村を象徴する食べ物として宴席で振る舞われる（表2参照）。

「五秀《○ンーサウ》」ひとつとってもわかるように、西関の生活と密接な食は、それが商品化されるときには、見たこともない料理として外部の人びとに提示されてしまう。このような事情から、西関の人びとはホンモノの食を追い求める傾向も生じている。現在のレストランで彼らの記憶と食い違うニセモノが増えたといえ、街中にホンモノの食がまったく存在しないわけではない。そのため、彼らは自身の記憶と味覚を頼りに、「正統」と思われるホンモノの食を捜し求めることもある。他方で、喪失してしまったホンモノの西関料理や、それをめぐる景観が、今ではむしろ別の形で民間において想起され始めている。

4　テーブル・マナーの違いから考える異文化交流

国際的な観点から見れば、広東料理に限らず、文化的背景を異にする場での食事は、異なる文化との葛藤の場である。私たちが中国に行ったとき経験するテーブル・マナーを想定してみよう。外食のマナーと家庭内でのそれとは基本的に同じであるので、ここでは広州を例にあげながら、外食の際のテーブル・マナーについて考えてみる。

まず、広州のレストランに入るとたいていの場合、「何人での利用か」を尋ねられる。人数を答えるとテーブルに案内され、どのお茶を飲むかと聞かれる。広州では鉄観音、烏龍《ウーロン》茶、プーアル茶などがよく飲まれる。広州では、お茶は「緑茶」と「紅茶」とに大別されるが、両者は単純に色で分けられるので、鉄観音は緑茶、プーアル茶は紅茶の範疇に入れられる。また、烏龍《ウーロン》茶は、緑茶でも紅茶でもないカテゴリーに入る。広東語で烏龍《○ウーロン》とは馬鹿げたことやぼやけたことを意味しており、烏龍《ウーロン》茶は緑茶でも紅茶でもないぼやけた色の茶であることを意

写真6　広東料理店における食器と容器
お茶で食器を洗ったあと中央の容器にお茶を捨てる

写真7　宴会の様子
最初に一斉に乾杯をしたあと、個別に「敬酒」をしながら食事を進める

味している。

お茶を頼んだらメニューを見て料理を決めるが、海鮮料理店などではメニューを置いていない店もある。その場合は、水槽の中の魚や籠の中の野菜などを指差して選ぶ。その他、ヤムチャを提供している店は、ワゴンで料理を運んでくることもある。

テーブルに座り、お茶を頼むと、大きな容器（写真6の中央にある容器）が置かれる。これは、お茶で食器を洗った後、その用済みのお茶を捨てるために用意されたものである。お茶で食器を洗うのは殺菌のためであると地元で言われるが、広東省外から来た人の中には、「こんな温度では殺菌できるはずはない」と否定的な態度をとる者もいる。いずれにせよ、食事を取る前に皿やお椀などを洗うことは、広州では儀礼的な手続きとなっている（写真6）。

食事をする際のマナーは基本的には日本と同じであるが、いくつか注意しておくべきことがある。第一に、広州では必ずしも日本で言われる「いただきます」というような言葉を使わない。「さあ、食べましょう」という類の言葉を使うか、無言で食事が始められることが多い。ただし、だからといって自由に食事を始めていいわけではなく、目上の人が同席している場合、目上の人が箸をつけてから食事を始める。第二に、広州では、スープから飲む習慣がある。また、宴席の場合は、必ず鶏肉がなければならない。広州では「無鶏不成宴《○モウガイバッセンイン》」（鶏肉がなければ宴会は成り立たない）という言い回しがあるほどである。宴席の際には、時折、スープではなく、鶏肉から食べ始める場合もある。第三に、酒を飲む際には一人で飲まない。中国全般でそうなのであるが、宴席で酒を飲む時には、同席した人と乾杯し、謝辞や祝辞を言いながら飲む。これを「敬酒《ジンジウ》」という。

日本の宴席では、最初一斉に乾杯をした後、一人で黙々と飲む光景が時に見られる。だが、これは広州や他の中国の地では、やってはいけないことである。まずは、テーブルの席で年齢か社会的地位の高い人に乾杯し、それから同席した一人ひとりと順番に乾杯をしながら酒を飲んでいく。ちなみに、中国でいう「乾杯」とは基本的に〝一気飲み〟のことであるので、一気飲みができない際には、状況に応じて何か言い訳をしておいたほうがよい。ただし、女性は必ずしも一気飲みを勧められない。

客として招かれた場合、出された料理を残さず食べるか、それとも少量残すかは、実際には判断の難しい問題である。地域や状況によって、どちらを選択するべきかが異なる。一般に、北方では出された料理を少量残しておくのが良いが、南方ではできるだけ料理を残さないよう求められることもある。広州では、一般的に料理をすべて食べても残してもよいが、それも人と場合による。特に、北方と南方とでは、食事をめぐるマナーや文化的観念が異なることがよくある。たとえば、北方では、日本と同じようにお皿の上に料理を置いて食べることができるが、南方ではお皿に料理を置いてはならないことがある。たとえば広東では、お皿は骨などの食べかすなどを置いておくものなので、おかずはすべてお椀に入れて食べる。

このように、日本と中国の間だけでなく、同じ中国人同士でも、食事をめぐるマナーは同じでない[7]。共食は人と人の交流を促進するものであるが、同時に葛藤を孕むこともある。上記で説明したテーブル・マナーは中国全国で通用するものとは限らないが、いずれにせよ各地のテーブル・マナーをきちんと理解したうえで食事をとることが重要となる。

注：本章は、基本的には現地語の読み方に従いルビをふっている。○印をつけたルビは広東語読みを、△印をつけたルビは潮州語読みを、□印をつけたルビは客家語読みを表しており、何も印のないカタナタ表記のルビは中国語読みを示している。これらの現地語はいずれも「　」で括っており、その他のひらがなのルビはみな日本語読みに直してある。

【参考文献】

（1）西澤治彦『中国食事文化の研究―食をめぐる家族と社会の歴史人類学』風響社、2009, pp.61-62.

（2）周達生『中国食探検―食の文化人類学』平凡社、1994, pp.8-17.

（3）森川眞規雄「カナダの香港広東料理―堕落それとも進化？」（特集・世界の中華料理）『アジア遊学』77、2005, pp.110-118.

（4）周達生「広東料理の代表的料理・現在は何が〝代表的〟なのか？」（大特集・中華料理のおいしい味）『月刊しにか』14⑿、2003, pp.46-49.

（5）Guo, Yuhua, 2000, Food and Family Relationships: The Generation Gap at the Table. Jun Jing, ed., *Feeding China's Little Emperors: Food, Children and Social Change*. Stanford University Press, pp.98-99.

（6）張展鴻「返還後の香港広東料理」（特集・世界の中華料理）『アジア遊学』77、2005, pp.34-44.

（7）王仁湘『中国―食の文化誌』（鈴木博訳）原書房、2007, pp.203-219.

Column 6

豚は声まで食べられる――沖縄における豚の利用法

比嘉　理麻

沖縄では一般的に「豚は捨てるところがない」と言われる。豚は、頭の先から尻尾の先まで食されるばかりか、血や毛、睾丸から膀胱まで余すところなく利用される。肉は皮ごと煮込んで食べる。毛は歯ブラシに利用されていた。膀胱はなんと、風船のように膨らませて毬つきに使われた。豚の血は染料として利用されるほか、少量の塩で凝固させ、ゼリー状にして具材に揉み込んで炒め煮る「チー・イリチャー（血の炒め煮）」という料理として食された。

こうした無駄なき利用法から、しまいには「豚は声まで食べられる」と言われるほどである。もちろん豚の声は、実際には食べられないが、すみずみまで食べることを評してこう表現されるのである。

こうした豚の利用法は、長い歴史のなかで培われてきた。豚利用の歴史を紐解けば、そのルーツは中国に行き着く。豚は14世紀後半の中国から渡来したのである。さらに18世紀の沖縄・琉球王朝は、中国の明・清と朝貢関係を結んでおり、中国からの使節団（冊封使）をもてなすために、養豚政策に力を注いだ。それを機に、養豚が盛んになり、今では豚肉食は沖縄独自の慣行とされるまでに、深くこの地に根づいている。

現在、豚の毛や血、膀胱は衛生上の問題から利用されなくなり、食慣行も大きく変化している。しかし、沖縄の人びとの豚好きは健在である。正月前の市場には、大量の大腸を求める買い物客で長蛇の列ができる。大腸は、正月料理の主役「ナカミジル（中味汁）」の材料である。正月に売れる大腸の量には目を見張るものがある。１軒の小さな肉屋で、実に１日100kg以上の大腸が売れていく。同じペースで売れ続けるため、なんと1週間で、長さにすると2.3km分の大腸が売れる。皆がこぞって大腸を買い占めようとするため、売り切れを心配した客同士が、大腸を引っ張り奪い合うことさえある。このように、大腸をはじめとする豚肉料理は、今も沖縄の人びとを魅了し続けている。

近年では、在来豚アグーの復興運動が起き、さらには、これまで考えられなかった豚の生食を可能にする無菌豚が開発されたり、馬刺しならぬ「豚刺し」を出す飲食店が現れたりし始めた。時代を経て、豚の利用法は変わり、豚肉の調理法やその意味も変化を遂げているが、「声まで食べる」沖縄の人びとの豚好きは、当分変わりそうもない。

沖縄の肉売り場

4 移民・難民と食——阪神大震災後の神戸定住のベトナム人

吉本　康子

1　はじめに

一九九五年一月一七日、阪神・淡路大震災が起こったその日の夜、神戸市須磨区にある市立鷹取中学校の校庭には、避難所となったこの学校に入り切れない多くの人びとがいた。校庭にはおよそ四〇から五〇人のベトナム人がいた。彼らは壊れた自宅から持ち出したストーブで、停電で役に立たなくなった冷蔵庫から取り出してきた肉やエビを焼いてバーベキューをしていた。（中略）神父が中学に来た時、そして顔見知りの神父を見つけて、一緒に食べるようにすすめた。神父はその日一日中飲まず食わずであったが、そう言われても食欲さえ湧かなかった。しかしベトナム人達は『こういう時こそ食べなあかんよ』と少しは食べるように神父に言い、自分たちは毛布にくるまってそのまま寝た。彼らの逞しさに、神父は逆に励まされる思いがした。(1)

ＪＲ新長田駅から、バス通りを南東に向かって五分ほど歩くと国道二号線がある。国道を越え、さらに一〇分ほど歩き続けると地下鉄駒ヶ林駅がある。その駅からさらに歩くと南駒栄公園に着く。目の前に長田港を臨むこの公園は、阪神・淡路大震災で被災したベトナム人たちが長期間の避難生活を送った場所として知られる。ここで被災生活を送ったベトナム人の数は、多い時で一八〇人以上にのぼったという。震災から一年経った一九九六年一月に筆者が訪れた時にも、およそ七〇人、二〇世帯が暮らしており、行政が勧める近郊の復興住宅への入居を断り続けていた。彼らはなぜ新しい住宅に移ろうとしなかったのだろうか。

2　温かいご飯にこだわる

神戸市に暮らすベトナム人の多くは、震災で甚大な被害を蒙ったJR新長田駅、鷹取駅の周辺で、この地域の地場産業であるケミカルシューズ関連の職に携わって生活してきた。一九九六年当時、筆者が被災地で接したベトナム人の多くは、仮設住宅に移らないことについて、「日本語が十分に理解できないので新しい土地で暮らすのが不安」「通勤のために時間もお金もかかる」といった理由をあげた。確かに、被災したベトナム人家庭の稼ぎ手の多くは来日一世であり、日本語の読解が十分にできる人はまだ少なかった。震災に関するさまざまな情報を収集するにも同胞からの口コミに頼らざるをえなかった彼らにとって、知り合いの少ない土地で暮らすのは大きな不安があったであろう。また、避難場所で日本人と反目した経験をもったことも、新たな土地での人間関係に不安を感じさせていたようである。さらに、彼らにとって公共の交通機関を乗り継いで通勤するという生活スタイルは馴染みがなく、交通費もかかる。たとえ「テント」であっても、彼らは住み慣れた場所で暮らすことを選択していたのである。

しかし問題はそれだけではなかったようである。被災地を初めて訪問してから一〇年以上が経過したある日、筆者は被災経験のあるベトナム人女性と、被災時の生活について尋ねる機会を得た。このときの彼女の語りには、次のようなものがあった。「なんで仮設住宅に移らなかったのかとよく聞かれたけど、ベトナム人は冷たいご飯を食べるのが嫌やからね。昼は家に帰って温かいご飯を食べなあかん。だから遠いとこに住んで通勤に時間がかかるのは嫌がる人が多いわ。これは日本人にはわからんかもしらんけど。」

彼女のこの語りによって気づいたのだが、南駒栄公園での被災生活が長引いたのは、人びとにとっての問題が住み慣れた土地からの隔離、言葉の壁、通勤時間と距離といった二次的なものだけではなく、食べることそのもの、つまり、人間にとっての本質的な欲求とも関わりがあったということである。

「食べる」という行為は、人間が生物として生きていくために必要不可欠なものであると同時に、他者との関係性のなかで営まれる社会的なものである。そしてそれは、エスニシティ、宗教などに基づく個々人の帰属意識やアイデンティティと深く関わっている。[2] 被災したベトナム人が、新しく快適な住居で暮らすより、不都合の多い「テント」に暮らし続けても「あたたかいご飯」を食べることにこだわった、ということも、彼らの食文化のなかに、さまざまな関係性のなかで築かれた味覚があるからである。

3　神戸のエスニシティとベトナム人

(1) 多様化した「在日ベトナム人」の由来

ところで、ベトナム人はなぜ日本に暮らすようになったのだろうか。在日ベトナム人のなかには、ベトナム戦争終結（一九七五年）以前から滞在していた元留学生もいるのだが、大半は「ベトナム難民」として来日した経緯をもつ人びとである。

日本に上陸した最初のベトナム難民は、一九七五年五月、アメリカの船に救出され、千葉港に上陸した、いわゆる「ボートピープル」とされる。彼らは、ベトナム戦争終結後の社会主義体制への移行という本国（南ベトナ

写真1　昼食後のデザートを買うホーチミン市のOL。昼時になると食堂の周囲には果物やベトナムのスイーツを売る屋台が並ぶ

写真2　夜のホーチミン市街地。あちこちの路上に屋台や大衆居酒屋が並ぶ

ム）の変化に適応できないと考え、舟で故郷を脱出したのである。ベトナム戦争が終結した一九七五年四月以降には、主に旧南ベトナム（ベトナム共和国）からこうした人びとが続出し、東南アジア各国に難民キャンプが開設された。当初、彼らに対する一時的な滞在のみを認めていた日本政府は、その受け入れをめぐる国際的な要請を受け、一九七八年四月に「ベトナム難民」の定住を認める方針を決定した。翌一九七九年には、やはり政治的な理由によってラオス、カンボジアから出国した者を含む「インドシナ難民」の受け入れを決定し、さらに一九八〇年にはODP（Orderly Departure Program）すなわち「合法出国計画」による出国者に対する受け入れを開始した。その後、難民の定住枠が段階的に拡大され、受け入れが終了する一九九五年一二月末までに一万人以上の人びとが受け入れられた[3]。

　難民の定住を認めた翌年、兵庫県に「姫路定住促進センター」が、続いて神奈川県に「大和定住促進センター」が開設され、定住が認められた人たちに対する日本語教育、健康管理、就職あっせんなどの定住促進事業が行なわれるようになった。また一九八二年には、日本に上陸したボートピープルを一時的に庇護する「大村難民一時レセプションセンター」が、さらに一九八三年にはボートピープルの増加と滞在の長期化に対処するための「国際救援センター」が、東京都に開設された。その後、経済的な理由によるベトナム北部からの出国者も増え、ボートピープルの数は更に増加した。こうした状況に対応するために難民審査制度が導入されたが、その後のインドシナ政情の安定と難民数の減少により一九九四年にはこの制度も廃止され、以後、先述の各センターも段階的に閉所されている。

受け入れが終了した一九九六年以降は、ODPによる呼び寄せが主流となり、二〇〇〇年代に入ると研修や留学などを目的とする移住者が増えた。とりわけ、近年における後者の増加数は顕著である。『国籍別外国人登録者数』によると、二〇〇九年度の総数約二〇万人のうち、ベトナム人が占める割合は四万一〇〇〇人であり、一九九九年の登録者数一万四八九八人に比べておよそ二万五〇〇〇人が増加しているのであるが、在留資格別登録者数の上位を比較してみると、一九九九年が「定住者（五四〇一人）」「永住者（三九〇三人）」「特定活動（二一七〇人）」「研修（一六一九人）」「留学（五九九人）」の順で上位を占めていたのに対し、二〇〇九年には「特定活動（九四七七人）」「永住者（九一八七人）」「定住者（五八四七人）」「研修（四三五五人）」「留学（三五五二人）」の順になっている。[4]「特定活動」とは、一年間の研修を終えて技能実習生となった人たちなどが得る在留資格であるから、この一〇年の間に、短期型滞在者数の割合が激増していることがわかる。つまり、「在日ベトナム人」の来歴は多様化しているのである。

（2）兵庫県の多文化共生

『都道府県別外国人登録者数』をみると、ベトナム人が多い上位三県は、二〇〇九年の段階で神奈川県（二〇〇九人）、愛知県（四三九二人）、兵庫県（四二九八人）となっている。一九九九年の統計では神奈川県（一九九九人）、兵庫県（一三二五人）、埼玉県（一四三六人）、愛知県（三九四人）の順になっているので、愛知県の激増は、研修など短期滞在型などを目的とする移民の増加であろう。前述のように、神奈川県と兵庫県は定住促進センターが置かれていた場所であり、一九九〇年代からベトナム人の集住地域となっていた。

兵庫県が公表している『県内外国人登録者数一覧』によると、二〇一〇年一二月末現在、同県には九万九七六七人の外国人が暮らしている。国籍別では、韓国・朝鮮人が五万一二一七人と最も多く、二位が中国人の二万五六〇〇人である。この二つの集団で、兵庫県の外国人登録者の八割近くを占めている。これらの「オールドカマー」に続いて多いのが、「新渡日」あるいは「ニューカマー」と呼ばれるベトナム人(四二九一人)、フィリピン人(三四二八人)、ブラジル人(三二五六人)などである。このように、歴史的なマイノリティとニューカマーの混在状況が、東海地方などの例とは異なる兵庫県の外国人居住の大きな特色となっている。

兵庫県は一九九四年に「地域国際化基本方針」を策定するなど全国でも早くから外国人に対する施策を展開してきたことで知られるが、この基本指針が、一九九五年に起きた震災時の外国人県民支援の根拠と考えられ、さまざまな被災外国人に対する迅速な対応を可能としたといわれる。たとえば同基本方針は、法的地位にかかわらず、オーバーステイ(超過滞在者)も「外国人県民」であると定義していたため、「外国人医療費補塡制度」によって、「外国人県民」被災者の焦げ付いた医療費を補塡することが可能となったのである。この指針はその後もさまざまな外国人県民施策の基本となっている。たとえば二〇〇〇年には外国人児童の教育に関する指針が策定され、公的な教育における「多文化共生という視野にたった」支援の必要性が、全国に先駆けて公表された。

こうした指針に基づく施策の例に、「子ども多文化共生サポーター」と呼ばれる制度がある。県教育委員会に採用された支援者が、呼び寄せなどで来日した日本語の不自由な子どもたちが通う学校を訪問し、言語面、学習面などで彼らを支援する制度である。筆者はサポーターとして数年間活動したことがあるのだが、この活動を通して、神戸市の小学校の献立にエスニック料理があることを知った。たとえば二〇一一年六月の献立には、「新料理」「郷土料理」「季節料理」と並んで「ベトナム料理」「韓国料理」が並んでいる(写真3)。

神戸市立A小学校における給食指導担当者とのインフォーマルな会話のなかで、こうしたメニューは、国際化という時代の潮流に対応するためにも外国の料理も取り入れていこうという給食指導員らの意見から登場してきたということがわかった。味が本物に近いかどうかはさておき、まずは神戸に暮らす子どもたちにとって身近な外国の食べ物を取り入れてみようということになったようである。

居留地や中国街がある神戸は、その特徴を「国際観光都市」の観光資源として積極的に活用してきた。そしてこの節の最後にみるように、震災後のベトナム人の集住地域も、国際都市神戸のひとつとして積極的に表象されるようになってきている。

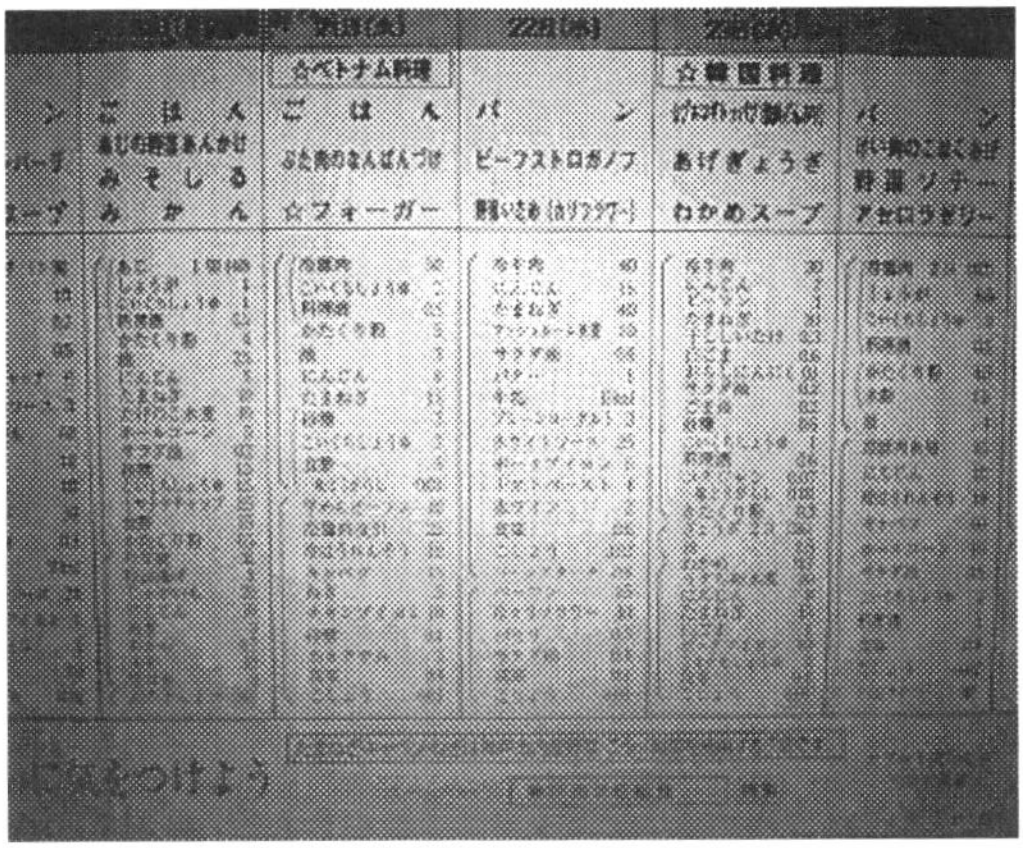

写真3　神戸市の市立小学校における給食の献立例。ベトナム料理「フォーガー」や韓国料理「プルコギトッパプ」のように現地語の発音で記されている

(3) ベトナム人集住地区のエスニシティ形成

神戸市において外国人登録をしているベトナム人の数は、二〇一〇年一二月現在で一四四九人である（『県内外国人登録者数一覧』による）。このうち約五八パーセント（八六二人）が南駒栄公園のある長田区に暮らしている。長田区に隣接する兵庫区（一七七人）と須磨区（一〇三人）を合わせると、市内の八〇パーセント近くのベトナム人がこの三区に暮らしていることになる。

ベトナム人集住地区である長田区南部周辺は、阪神・淡路大震災で甚大な被害を蒙った地区として知られるが、ベトナム人の多くも被災者生活を余儀なくされている。焼け野原のようになってしまったなかで、文化的に異なる背景を持った人びとが助け合い、「多文化共生・多民族共生」の萌芽が生まれたのもこの地域である。

この地域は、戦前からの「移民」である韓国・朝鮮の人びとの集住地域でもあった。長田ほか三区における韓国・朝鮮人の人口は一万三二一人（二〇一〇年一二月現在）であり、ベトナム人人口の約一〇倍を占める。この地域の韓国・朝鮮人の多くは、明治から大正にかけて栄え、分業による大量の雇用と単純作業を生み出したゴム産業に関わりながら生きてきた。戦後はゴム産業に代わってケミカルシューズ産業が地場産業として栄えるが、現在では、経営者としてケミカルシューズ産業に関わる韓国・朝鮮人も多い[5]。

長田区南部が韓国・朝鮮人やベトナム人など移民の集住地区となったのは、仕事に従事するうえで日本語をさほど必要としないゴム産業やケミカルシューズ産業の存在であろう。ケミカルシューズ産業は、靴のメーカー、靴底、縫製などの関連業者がそれぞれの生産工程を請け負うことでひとつの靴を完成させるという細分化された分業構造に特徴がある。こうした仕組みは単純作業と多くの雇用を生み出すので、日本語が十分にできない多くの移民や外国人でも働くことができる。ベトナム人の多くもケミカルシューズ関係の仕事に就いており、日本人、韓国・朝鮮人の経営者と雇用関係を結んでいる。

ところで、「在日ベトナム人」には中国系ベトナム人と非中国系ベトナム人という二つのエスニシティが存在する。神戸市内のベトナム人集住地区はこれら二つのエスニシティに基づいて分かれており、長田、兵庫、須磨の三区に暮らすのは主に非中国系のベトナム人である[6]（写真4）。一方の中国系ベトナム人の多くは、中央区にある神戸南京町すなわち中華街の近くに暮らしている。

神戸南京町の中華街は、一八六八年の神戸港開港を機に広東などから商売目的で渡来した中国人が居留地に隣接する雑居地に滞在したことに始まるといわれる。戦時中は神戸大空襲によって全焼し、戦後は歓楽街としてのイメージが定着していたが、一九七七年に南京町商店街振興組合が設立され、神戸市の区画整理の一環で観光スポットとして再建された。現在では「国際都市神戸」のひとつのシンボルとなっていることは周知のとおりである。

中国系のベトナム人の多くは広東語を話す人びとであり、定住促進センターを出た後に、中央区に定住していた華僑の協力によって中華料理店への就職や住居の確保を実現したようである。現在では独立して食料品店や飲食店を営んでいる者もいるようで、ベトナムの食材を売る彼らの店には神戸、姫路、尼崎、大阪などに暮らすベトナム人たちもよく訪れるという[7]。

このように、神戸の集住地域に暮らすベトナム人は、その定住の過程で、日本人、韓国・朝鮮人、華僑などさまざまな文化的背景を持つ人びととの関係性のなかで、その生活世界を形成してきたといえる。

写真4　長田区のベトナム料理店。「ベトナム料理店」といってもシェフは中国系、北部出身者、南部出身者、日本人とさまざまである

4　「豚の文化」とベトナム

(1) ベトナム人の集住地区の豚料理

ベトナム人の集住地区がある長田は、下町の雰囲気とエスニックな雰囲気がミックスした独特の雰囲気が漂うまちである。震災後に建てられた近代的な高層マンションが立ち並ぶJR新長田駅周辺を歩いてみると、看板に「平壌」「明洞」といった地名が入った飲食店、ゴマだれやゴマの葉を売っている韓国食材店、「長田名物ぼっかけ」と書かれたお好み焼き屋、沖縄物産の店、鹿児

島物産の店などがある（写真5）。

このまちで創業して五〇年という精肉店には、「ぼっかけコロッケ」のほか、一般的に日本人があまり食さない豚足や豚の耳などの部位、いわゆる「ホルモン」と呼ばれる内臓、それらを調理した惣菜などが売られている。従業員の話では、初代の経営者は奄美大島出身であり、店には韓国・朝鮮人、ベトナム人の買い物客もよく訪れるという。

筆者が最初にベトナムを訪れたとき、地元の友人たちに誘われて、豚の内臓が入ったお粥、豚足が入った汁ビーフン、蒸し豚、山羊肉料理など、日本では食べたことのない肉料理をよく食べた（写真6）。「豚足は妊婦が食べるといいんだよ」「内臓が疲れているときは内臓を食べなきゃ」「山羊肉は精がつくんだよ」といった俗説を聞

写真5　長田の名物とされる「ぼっかけ」は、スジ肉とこんにゃくを甘辛く煮込んだ料理

写真6　代表的なベトナム料理のひとつであるブンボーフェー。豚足が入っている

きながら、筆者は食べ慣れない肉やその部位を戸惑いながらも食べた。またこうした料理をみて感じていたのは、ベトナムで用いられる食材と、沖縄の料理で用いられる食材の類似性であった。豚足や豚の耳、あるいは山羊肉といった肉類だけでなく、ゴーヤやヘチマを食べるという習慣も、とくに南部のベトナムにはあったからである。

現在ではホルモンや豚足を食べることに抵抗を感じない日本人は少なくないように思うが、ベトナム人たちが日本に定住しはじめた一九八〇年代は、これらの食材を用いた料理は一般的に普及していなかったと思われる。しかし長田には、ベトナム人たちが好んで食べる豚足や豚耳や内臓などが、すでに売られていたわけである。

(2) 韓国・朝鮮文化と豚肉食文化のつながり

川越道子は、「中国をはじめ、ベトナム、朝鮮半島、奄美・沖縄群島など、アジアには『豚の文化圏』が存在する」と述べたうえで、この「文化圏」が近代都市神戸へと拡張していく過程を、朝鮮半島から来た人びとによる養豚の事例、鹿児島から神戸に移住し、後に豚肉業者となった日本人の事例、そして両者の関わりを通して詳述している。(8) 川越によると、長田では、朝鮮半島から来た人びとによって戦前から零細的な養豚がおこなわれていたが、やがて養豚業を営む者が出てきた。そこに豚を屠場に卸す権利を得た日本人の卸業者が出入りするようになり、養豚業が発展していく。屠場と養豚業者をつないでいたのは、戦後に奄美から神戸に移住した日本人である。戦後、砂糖の暴落によって困窮していた奄美・沖縄から多くの人びとが神戸に移住し、圧延工、ゴム産業、ケミカルシューズ産業の労働に従事しながら、集住地区を形成していた。卸業者であった日本人もその一人であった。屠場で仕入れた豚肉を元町の中国人の店に運ぶ仕事もしていた彼は、やがて自らも精肉店を営むようになった。彼の始めた精肉店は、長田周辺に六店舗をもつまでに成長している。

川越は、こうして韓国・朝鮮人の養豚業者と日本人の豚肉業者がつながることで、長田には豚をめぐる小さな経済圏ができていたと分析している。とはいえ、「ゆるやかに人びとをつなぎ、新たに小さな経済圏や市場を生み出し」てきた養豚は、戦後の「高度経済成長」やそれに伴う「市街地」化と住宅の密集化の進行によって、「豚の文化圏」に属さない人にとっての「未開」の行為、「不衛生」や「貧困」、「スラム」の記号となり、都市開発の対象とされてきた。[9]

異なる文化を持つ人の習慣を知ることで、自己のアイデンティティや、自己と他者の境界を認識するとするならば、川越のいう「豚の文化圏」外の人びとにとって、豚のさまざまな部位を食べるという「他者」の食習慣は、「未開」やそこから生じる「恐怖」、そして「差別」の記号になる可能性をはらむものであろう。

豚の文化を持つか、豚足を食べるかどうかにかかわらず、食文化の違いをめぐって隣人に非寛容な態度をとられたことのあるベトナム人は、当然存在する。長田には、震災後の一九九七年二月、在日外国人の支援を目的として神戸を中心に活動を続けてきた「兵庫県定住外国人生活復興センター」と「被災ベトナム人救援連絡会」(被災ベトナム人日本語教室)が合併し、定住外国人の自立を支援する非営利団体「神戸定住外国人支援センター」が開設されている。このセンターのニュースレターを見ると、在日外国人から寄せられたさまざまな問題や相談の内容などが掲載されているが、食をめぐる問題では、たとえば一九九七年三月に発行されたニュースレターに記載された、以下のような内容のものがある。

ある日、センターに若いベトナム人家族から、隣人が怒鳴り込んできたというSOSの電話が入った。スタッフが現場に向かって事情を聞いてみると、トラブルの原因は臭いだった。換気扇から出てくる料理の、くさい臭いが家の中まで入ってくるという理由であった。隣人の言い分では、七年間我慢したあと、いよいよ堪忍袋の緒が切れたらしい。換気扇の外に立つと回すだけで確かに少し臭いが出るので、換気扇を掃除することで解決しようとした。ところがそれでは済まなかった。隣人が、ここは日本だからベトナム料理を食べるなと言い出した。

スタッフはそんな馬鹿げた話はないと抵抗するが、隣人も執拗に迫ってきた。七年間も何も言わずなぜ今になって突然に言うのかと問うと、ベトナム人は怖いからと答えたという[10]。

この記事を書いたスタッフは、「わけの分からない話である。ベトナム人のほうが怖がっているというのに」と結んでいるが、食をめぐる臭いや「異質な」食材そのものをめぐって構築されていく「恐怖」が、偏見や差別といったまなざしにつながっていくことは、先に述べた「豚の文化」に対するまなざしとも重なっているといえよう。この点において、長田に暮らすベトナム人の多くは、彼らよりも早い時期から定住していた「豚の文化」を持つ「同胞」と共に、その食文化を形成していると言えよう。

5　食をめぐる移民の経験――Nさんの語りから

これまではベトナム人の集住地域の様子について触れたが、移住を体験した個々人は、食べることをめぐり、どのような体験をしてきたのだろうか。集住地域に暮らすNさんの語りを通してみてみたい。

Nさんはベトナム南部出身の女性である。一九八一年に長崎にたどりつき、同じ舟で本国を出たベトナム人男性と結婚、大瀬戸療に一年暮らした。その後、姫路で長女を出産し、一九八四年に神戸に移った後、さらに三人の子どもをもうけている。

最初の滞在先であった長崎で、はじめて給仕されたのはカレーライスだった。Nさんは、今ではこれが日本人の一番好きな食べ物だということを知っているが、最初は食べるのがとてもつらかったという。粘り気のある日本のご飯は、ご飯ではなくモチゴメを食べている感じがするらしく、日本のカレーもベトナム人にとってはとても食べにくいらしい。

日本人が日常的に食べている粘り気のある粳米《こうべい》は、パサパサした粳米を食べる習慣のある東南アジアの人びとにとっては食べにくい、という話はよく聞く。ベトナムでも一般的には粘り気のない粳米が食べられており、粘り気のあるモチゴメは、朝食か小腹がすいた時のおやつとして食べられるにすぎない。

しかしながら、日本に定住する過程で、Nさんの味覚は変わったようだ。今では日本のコメのほうが美味しく感じられ、ベトナムのコメは美味しいと思えなくなったらしい。

コメだけでなく、Nさんが長崎にいたときに苦労を感じたのは、ベトナム人が最もよく使用する調味料であるヌックマム、つまり魚醤が手に入らなかったことだ。神戸に来て、中華街などでヌックマムを買うことができるようになったのは大きな喜びであった。

ベトナムの人がコメの代わりによく用いる「主食」に、ライスペーパーがある。現在では都市部のスーパーでは簡単に手に入るようになっているが、Nさんが神戸に住み始めた一九九〇年代初頭にはまだ手に入らなかった。ライスペーパーは、代表的なベトナム料理のひとつである生春巻きや、ベトナム風の揚げ春巻きをつくるときにも皮として使われる。揚げ春巻きを作るとき市販の「春巻きの皮」を代用していたNさんは、ライスペーパーが手に入るようになった現在でも、ライスペーパーよりも揚げ易くてカリッと揚がって美味しい、という理由で「春巻きの皮」を使い続けているという。

ベトナム人が好んで食べるハーブ類も、日本では手に入りにくい食材である。たとえば、ベトナムでは春巻きを食べるとき、ミント、バジル、大葉、シャンサイなどのたくさんの生の香草に巻いて食べるのが一般的であるが、これらのハーブ類は高価である。そこで、Nさんは大葉だけ使っているという。

家ではほとんどベトナム料理をつくっているというNさんだが、日本料理をつくるときもある。しかし、味付けを自己流に変えている。たとえば豚汁はNさんがよく作る日本料理の一つだが、味噌とダシ汁だけでは味が物足りないので、化学調味料を加える。これらの調味料を加えると豚汁の味ではなくなってしまうらしいが、Nさんにとっては日本料理である。

Nさんのように、手に入る食材を仕方なく食べたり、それらを用いて自国の料理を少し変えたり、また、日本料理を好みの味にアレンジしたりするうちに当事者の味覚や調理法が変わり、「移民の味」はつくり出されていく（写真7）。

味付けや味覚や食材が変化していくだけではない。料理をつくるという行為もまた、「日本的なもの」に身体化されているようである。Nさんは、久しぶりに故郷のベトナムに帰省したときの様子を、次のように綴っている。

写真７　神戸のベトナム人女性が調理した教会の昼食。モロヘイヤのスープや厚揚げの肉詰めをトマトで煮込んだ料理（右下）はベトナムの代表的な家庭料理で、在日ベトナム人の家庭でもよく食べられる。

　ベトナムで最初のほうは、うるさい所だと思いました。自分の心のおくになかなか受けられない気持ちでした。原因はたぶん日本で毎日生活するのにだんだん慣れて、静かな生活なっているからだと思います。料理をするために、まないたに包丁のとんとん音を聞けたのは一〇年振りぐらいです。すごく懐かしい音だなと思いました。ご近所のしゃべり声なども遠慮なく耳に入ります。ここでは近所迷惑の問題なんかありません。最初のうるさいと思ったことはうらやましい気持ちになり、やっぱり母国はいいな！　私の国はここだ！
　日本で暮らしている外国人、自分の国の習慣や生活などは何十パーセントで暮らしているのでしょう。私には二〇パーセント位だと思います。残る八〇パーセントは日本の暮らしに合わせての毎日です。ここに住もうと思ったら、大変努力必要だと思います。しかし周りのみなさんはその努力が見えないのでしょう。母国で大きくなっても、生活は大変でした。しかし気軽に暮らせました。少なくとも言葉の壁も外国人差別にもぶつかりません。しかし私は日本に住んでいる外国人はとても得だと思います。なぜなら日本の良いさ、素晴しさと母国のいいところ、うまく取り組んでやって行けば最高だと思います。

＊まないたの音は、鶏をさばく包丁の音などです。日本での生活では包丁の代わりにほとんどが鋏を使用しています。(11)

先述した豚肉と同じように、ベトナムでは鶏肉のさまざまな部位を食べる習慣があるのだが、一般的には鶏は生きたまま市場で買われ、家の中でさばかれる。頸動脈を切られる直前の鶏の断末魔の声や、頸動脈を切られてもなお走り回るときの羽の音、羽がむしられ茹でられた後の鶏に躊躇なく振り落とされる包丁とまな板のぶつかる音は、確かに現代の日本の生活では聞かれない音である。

6 表象される移民の料理

ヒトとモノの移動によって、日本でもさまざまな国の食が受け入れられるようになった。今では魚醤やライスペーパーなどのアジアの食材もスーパーマーケットで手に入れることができるし、「エスニック料理」を扱う店があちこちにある。

ベトナム料理店の数も一九九〇年代以降になって急激に増え、その形態も多様化した。一九九〇年代初頭までは元留学生や難民がシェフとオーナーを兼ねていた店が主流であったが、ベトナムのドイモイ政策（改革・開放政策）が本格化し、日本人のベトナム渡航者、そしてベトナムからの来日者の数が激増するなかで、オーナーやシェフがベトナム人とは限らなくなっている。(12) また、日本人のベトナム料理研究家によるレシピ本も出版されている。(13)

一九八〇年代以降、欧米以外の外国が「異質な他者」ではなくなり、エスニックブームが到来していく過程で、日本の中のアジア系移民たちが自らの文化を積極的に表象する機会も増えてきているように思う。震災を機に「多文化共生」の精神が高まった長田でも、多文化的な状況を地域の観光資源として積極的に活用していこうとする地元の人びとの姿勢が顕著になっている。

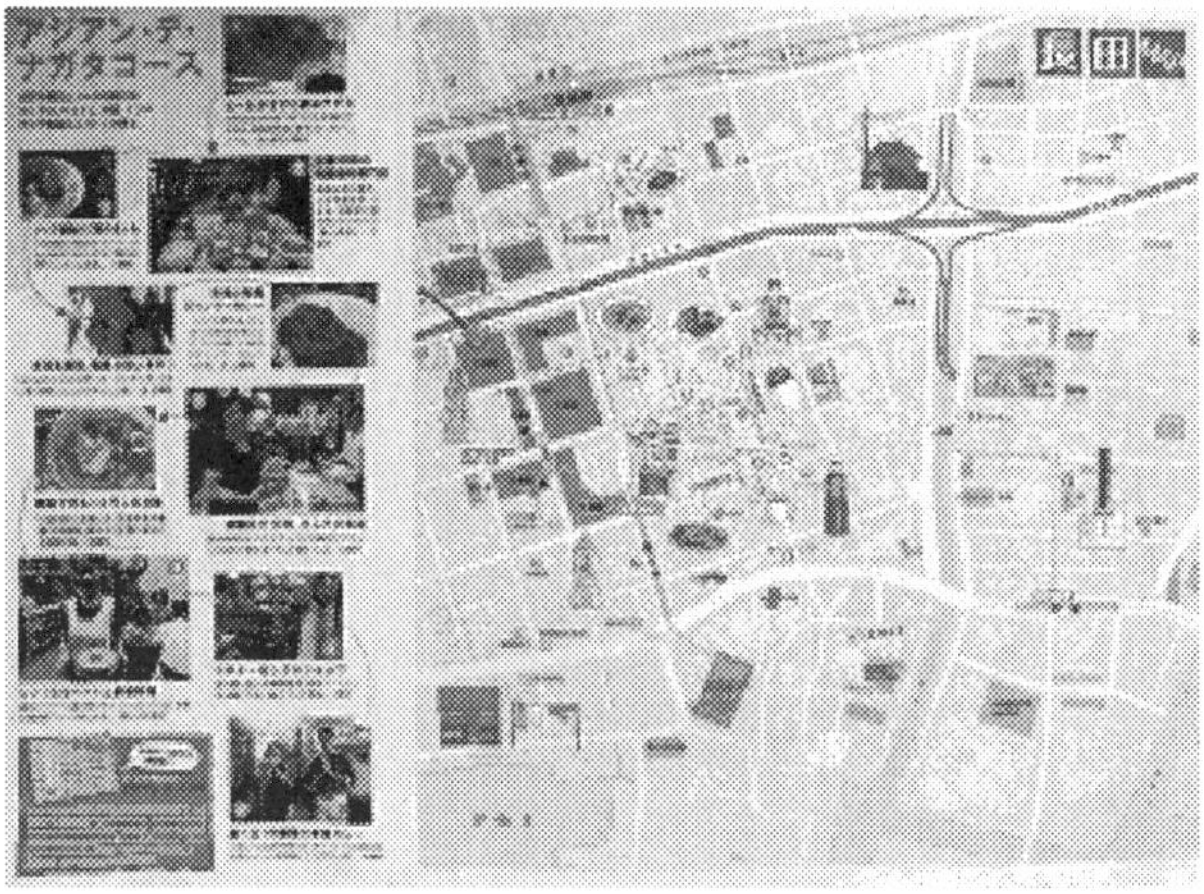

写真8　神戸商工会議所西神戸支部発行の『下町レトロとアジアを歩く神戸長田区MAP』の一部。長田にあるさまざまなアジア料理店、食材店が紹介されている

二〇〇七年に神戸商工会議所西神戸支部が始めた「アジアン・デ・ナガタ」事業は、震災後ににぎわいを失いつつあった長田の町おこし事業のひとつである。アジア系の定住外国人が多い長田の特徴を生かし、各国の味や逸品、文化を地域の魅力として伝えようとするこの事業では、冊子「アジアン・デ・ナガタ」の刊行や、ホームページでの地域の情報発信を行なっている（写真8）。また、九〇年の歴史を持ちながらも、震災後になって空き店舗が急増した「丸五市場」に「丸五アジア横丁」を整備し、「アジアな店」を誘致する取り組

写真9　「丸五アジア横丁」にあるミャンマーカレーの店のメニューには、地元の素材である豚の軟骨を使ったオリジナルカレーがある。

みも行なっており、台湾屋台料理屋、タイ式マッサージ店、フィリピン雑貨店、ミャンマーカレー店などが出店している（写真9）。長田といえば、二〇〇九年には鉄人28号のモニュメントが建設されたことで大きな話題を呼んだが、二〇一一年には「三国志ガーデン」もオープンした。震災で壊滅的な状態になった新長田駅の周辺は、震災後の行政の主導による復興事業によって高層ビルが立ち並ぶようになったが、駅前のビルには空きテナントも多く、活気があるとは言えない。こうしたなかで「下町レトロ」という言葉で表現される地元の文化と、移民や難民がもたらした「アジアン」な文化を「地域の文化」として表象し、マルチエスニックな開かれた空間としての「ナガタ」がアピールされはじめているのである。

7　日本のなかのベトナム人の将来

ベトナムに留学したとき、最初に習った俗語が「Trời đánh tránh bữa ăn（食事時には天罰も下らない）」であった。この俗語にあるように、ベトナムの人びとは、「食べる」という行為は天罰をも避けることができるくらいの優先事項であると教えられてきたのだろう。本稿の冒頭に引用した文章に登場する、大震災という非常事態のなかでも「こんな時こそ食べなあかんよ」と言えるベトナム人の悠々ともとれる生き方は、彼らが背負ってきた人生の歴史と、現在の集住地域を形成してきたさまざまなエスニシティとの相互関係のなかで築かれたものであり、地域に定着する過程で変化させながらも維持してきた「食べること」に対する姿勢そのものといえるのかもしれない。

ベトナムの移民が神戸に暮らしはじめて三〇年近くが経過するが、この地域が最近になってアピールしているマルチエスニック性のなかで、ベトナム人のエスニシティはどのように表象されていくのだろうか。今後も観察していきたい。

【参考文献】

（1）戸田佳子『日本のベトナム人コミュニティ—一世の時代、そして今』暁印書館、2001

（2）Anderson, E.N., 2005, *Everyone Eats: Understanding Food and Culture*. New York: University press.; Gabaccia, D.R., 2000, *We Are What We Eat: Ethnic Food and the Making of Americans*. Cambridge, Massachusetts; Harvard University Press.

（3）内閣官房インドシナ難民対策連絡調整連絡会議事務局『インドシナ難民と我が国の対応』1998

（4）財団法人入管協会『平成12年版在留外国人統計』2000

（5）外国人情報センター『阪神大震災と外国人—「多文化共生社会」の現状と可能性』明石書店、1996

（6）戸田佳子、注(1)参照

（7）神戸新聞社『素顔の日本人—逆境で耐える力』人文書院、1987

（8）川越道子「食べることは生きること—豚がつなぐ移住者たちの生活世界」『悶え神の政治学—大震災以降の神戸が語る戦争と越境』大阪大学大学院、博士学位論文、2010, pp.88-114.

（9）川越道子：同論文、2010

（10）定住外国人支援センター『KFC-NEWS 1997.3.17No.1』1997

（11）定住外国人支援センター『KFC-NEWS 1997.8.29 No.6』1988

（12）吉本康子「増え続ける関西のベトナム料理店」河合利光編著『食からの異文化理解—テーマ研究と実践』時潮社、2006

（13）伊藤忍『ベトナムめしの旅』情報センター出版局、2004

Column 7

マレーシアの喫茶文化──国民的な飲食空間

櫻田　涼子

マレーシアでは、１日３食ならぬ「１日５食が標準だ」とよく冗談めかして言われる。朝昼夕のほかにお茶の時間と夜食を加え１日５食というわけである。このお茶や夜食の時間帯に賑わいを見せるのが、茶餐店、珈琲店（Kedai Kopi）、ママッストール（Mamak Stall）、コピティアム（Kopitiam、写真）などの軽食と飲み物を提供する喫茶店である。嗜好飲料とマレーシアの関係は深く、その喫茶文化も多民族国家マレーシアの歴史と重なりながら多面的に発展してきた。

そのなかでもマレーシア華人の喫茶文化は、福建や広東からの移民が現地社会の商工業、鉱山業の分野で経済的イニシアティブを握るなか、後発移民の海南島出身者がニッチを求め屋台式珈琲店を営んだのが始まりともされる。コピティアムは、マレー語で珈琲を意味するkopiと福建語で店を意味するtiamの合成で、華人にとって日常的な飲食空間であると同時に、華人男性が政治談議を行なうサロンのような場であり、マレーシア華人にとって重要な社会空間として機能してきた。

今日、この伝統的コピティアムをモチーフとした近代的コピティアムが都市部を中心に急増している。中国風の家具やマラヤ時代の写真が飾られた店内は「懐かしさ」を喚起する内装で、古き良き時代の雰囲気を残しながらマレーシアの今日的文脈に合わせ変化している。

たとえば、コピティアムでは珈琲豆にマーガリンと砂糖を加え焙煎した南洋風珈琲「ホワイトコーヒー」や、パンダナスの葉とココナツミルクで作るジャムを炭焼き食パンに塗った「カヤトースト」等の伝統的メニューが提供される一方、鶏肉叉焼《ちゃーしゅー》をのせた雲呑麺《わんたんめん》などの、イスラーム教徒も飲食可能（ハラール）なメニューが並ぶ。また店内には政府認定ハラール食品の提供を示す証書が掲示される。

今日、この懐かしくも新しいコピティアムは、宗教や文化を異にするマレーシアの人びとの共食を可能にする飲食空間を創出する。昼時のオフィス街ではマレー系、インド系、華人の会社員が共に昼食をとり、夕方ともなればマレー人と華人の高校生カップルが１杯60円の甘いホワイトコーヒーを飲みながら愛を囁きあう風景にも出会える。

勤め人で混み合うコピティアムの様子

ホワイトコーヒーとカヤトースト

第3章

グローバル化と食環境の変化

——世界と私たちの暮らし——

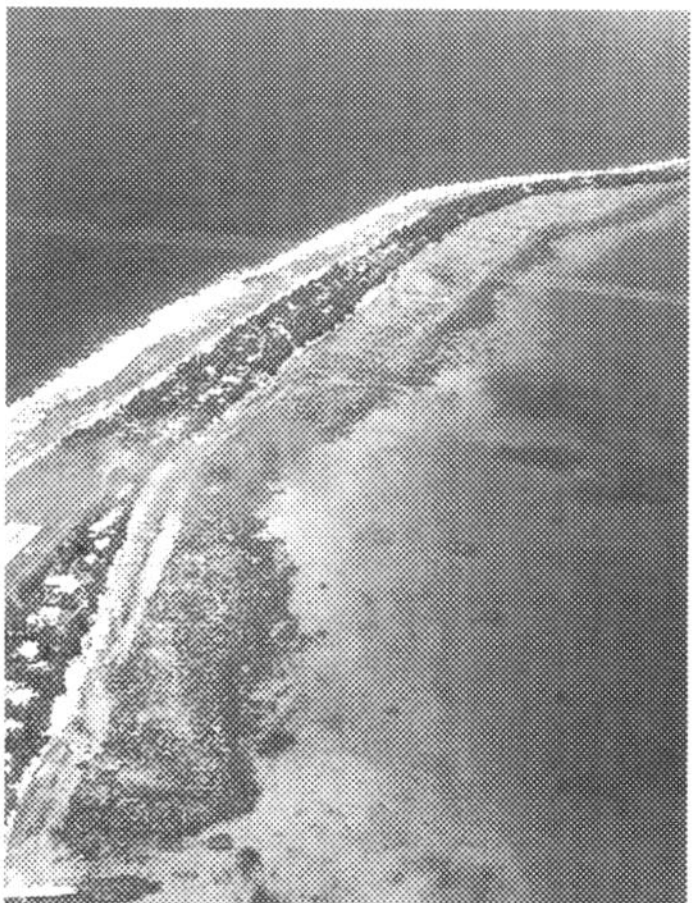

1 グローバル経済と食環境の変化

石田　慎一郎

1　多様化する世界の食事情

筆者はケニアで調査してきたので、東アフリカの事例を中心に世界の食環境の変化を考えてみよう。ジャーナリストの松本仁一がまとめたルポルタージュ『アフリカを食べる』(1)では、野生動物インパラの刺身、ナイロビ郊外のわらび、ザンジバルでのイワシの踊り食い、タンガニーカ湖産ティラピアの刺身などなど、アフリカ各地の素材を自由自在に食べる著者独自の創意工夫が痛快だ。地元の人びとは、羽アリの踊り食いはするけれども、著者のように肉や魚を生で食べることはあまりない。とはいえ、確かにいろいろな食材はありそうだ。

ケニアの首都ナイロビでは、多種多様の食を楽しむことができる。本格派のイタリアンがある。ヌードルスープにありつける中華料理店がある。数は多くないが日本食レストランがある。インド料理屋にいけばバラエティに富んだカレーを楽しめる。産地直送の新鮮な生ガキを食べることができるレストランだってある。

あるいは、せっかくナイロビにきた以上は、やはりアフリカならではの料理を食べてみたい。ならば、スワヒリ語でニャマ・チョマと呼ばれる焼肉を試してみるのがよい。炭火であぶった山羊肉はそれ自体で味わい深く、塩をつけて口に放り込むだけで旨い。野生動物の肉を食べたければ、ナイロビ市郊外に特別なレストランがある。

このレストランの流儀で、テーブルに立てられた旗を下げるまでは、ワニやらダチョウやらシマウマやらの肉が次々に運ばれてくる。このレストランでしか食べることのできない野生動物の肉は、観光立国ケニアにおけるアトラクションのひとつだ。食後は、ナイロビ市内各所のカフェでケニア産コーヒーを楽しむことができる。

都市にさまざまな食材が集まってくるということ自体は、なにもナイロビに限った話ではない。世界中どこでも、程度の差はあれ、同様の食のグローバル化が進みつつある。

2 アフリカの食事情

(1) 植民地経験の遺産

この東アフリカの都市で食べることができる本格派のイタリア料理、中華料理、インド料理には、ナイロビが現代の国際観光都市であるということに加えて、ケニア特有の事情や歴史的背景との関連があるのも事実である。というのも、ケニアはイギリスの植民地統治を経験した。植民地支配の最初期に、鉄道建設等のために動員された多数のインド人労働者は、東アフリカにインド人コミュニティを形成した。そうした歴史的経緯があって、インドの食文化は東アフリカにひろく浸透している。ちなみに、首都であれ地方都市であれ、今日のケニアの中級ホテルの朝食は、コーヒーまたは紅茶、フルーツ、シリアル、卵、ベーコン、パンからなるイギリス式のブレックファーストである。

イタリア料理にも、植民地主義の過去が見え隠れする。イタリアがかつて植民地化を企て、多くの入植者を送り込んだエチオピアとソマリアはケニアの隣国であり、ケニア国内にもイタリア系移民の子孫たちが暮らしている。中華料理は世界中に広まっており、ナイロビもその点で例外ではないが、ここ数年のあいだにさらに勢いを設や携帯電話用電波塔などの整備が急ピッチで進んでいる。今日の中国のアフリカ進出はケニアにおいても顕著であり、中国企業による道路建設や携帯電話用電波塔などの整備が急ピッチで進んでいる。

(2) ローカルな食の多様性

首都中心部から地方都市、さらには地方農村へと出かけていく。地方には、ナイロビのようなコスモポリタン都市とは違って、イタリア料理、中華料理あるいはインド料理などが織りなすメジャーな食文化の、グローバルな多様性は見られない。けれども、本節で詳しく述べるように、地方もまた、それぞれの地域・民族に固有の食材からなる豊かな食文化を育んでおり、さまざまな民族が出会う地方都市の市場は、食材・食文化のローカルな多様性にあふれている。

東アフリカでは、メイズ(白トウモロコシ)や豆類の栽培を生業にする、いわゆる農耕民でも、たいていはウシやヤギを飼育している。筆者が人類学調査をしているケニア中央高地ニャンベネ地方の人びとは、第一に農耕民であり、家畜も飼育しているという意味では農牧民でもある。加えて、バナナ、アボガド、パパイヤ、マンゴーなどさまざまな果樹を栽培しており、ヤム、サツマイモ、キャッサバ、クズウコンなどの根茎類もある。同時に養蜂・蜂蜜採集もするし、かつては象やガゼルなどの野生動物の狩猟にも長けていた。地方農村の農家に住み込み調査をしてみるとわかるが、これら多彩な営みから得られるさまざまな食材が、日常の食生活はもちろん、季節行事、さらには結婚をはじめとするさまざまな人生儀礼に登場する。

地域社会の食文化は、その土地固有の自然環境、生活様式、生業に根付いたものであり、長い歴史のなかで育まれてきたものである。それと同時に、食資源をめぐるグローバルな動向から多大な影響を受けている。特に東アフリカは、第一次産業が人びとの生活と国の経済を支える基幹産業であり、市場向けの商品生産と自家消費用食糧の生産とのバランスのうえに成り立っている。輸出産業の成長に合わせて単一商品の生産のみに特化すれば、効率的な生産が可能になる。しかしながら、ローカルな食材の多様性が失われるのみならず、日常的に消費する食糧作物の自給自体が不可能となり、市場への依存度が増す。

3　食のグローバル経済とアフリカの貧困

(1) 映画『ダーウィンの悪夢』が提起したもの

東アフリカにおけるローカルな食資源がグローバルな政治経済を含む諸々の外部要因によっていかなる影響を受けてきたのかを考えるために、まずは映画『ダーウィンの悪夢』(原題 Darwin's Nightmare 二〇〇四年　フランス、オーストリア、ベルギー)を取り上げてみよう。この映画の主題は、諸外国と取引されるグローバルな商品の生産だけが重視されて、ローカルな食資源の多様性が失われた結果として引き起こされる、悪夢あるいは悲劇を警告することである。

その映画は、ナイルパーチという巨大魚の資源利用が、ヴィクトリア湖畔の都市ムワンザに住む人びとの営みに深刻な負の影響を与えた様子を描き出している。ナイルパーチは、漁獲量の大半がヨーロッパ諸国や日本に輸出され、ヴィクトリア湖における最も有力な漁業資源となっている。ヴィクトリア湖産のナイルパーチには国際的な需要があり、その結果、海外資本が参入して地元の加工工場の建設が進み、ナイルパーチの加工魚肉を空輸するための大型輸送機が就航した。こうして、多種多様の労働者が混在するコスモポリタン化が進んだ。

映画に登場する現地加工工場の白人経営者は、ナイルパーチが地元の人びとを救済したと自画自賛している。ところが、こうした急激な地場産業の発達は、実際には、地域社会に豊かさをもたらしたわけではなかった。

『ダーウィンの悪夢』は、むしろナイルパーチ産業の発達が地元に与えた深刻な負の影響を暴き出している。ナイルパーチは、ヴィクトリア湖由来の固有種ではなかったのである。

『ダーウィンの悪夢』によると、一九五〇年代に放流された捕食性の巨大な外来種は、ヴィクトリア湖本来の生態系を破壊し、固有の食資源と豊かな生物多様性を奪った。さらに、地場産業の発達に伴って都市に男性労働者が集中することで、性産業の需要を生み出し、性感染症のリスクを高め、ひいては両親を失った多数のストリートチルドレンを生み出した。しかしながら、そうした代償を払って得られたナイルパーチの魚肉は、可食部分の大半が輸出に当てられる高価な商品であり、地元民の消費用として流通するのは、加工工場で廃棄されて後、不衛生な状態のまま流通する部位に限られている。

ヴィクトリア湖からナイルパーチを輸出するためヨーロッパからムワンザ空港に向かう大型の輸送機には、ヴィクトリア湖周辺の紛争地に供給するための兵器が詰め込まれている。大型輸送機に搭乗するロシア人パイロットは「アフリカ人は生命を育む食糧をヨーロッパ人に授け、お返しに、ヨーロッパ人はアフリカの子どもたちに銃を授ける」と言う。そして、映画に登場するジャーナリストは「ヨーロッパ人は、アフリカ人の窮状によって利益を得ているのだ」と告発する。ヨーロッパや日本の消費者は、そうしたアフリカの窮状はおろか、自分が食べている白身魚が、ヴィクトリア湖産のナイルパーチであることさえ知らずにいる。

（2）グローバル経済の不均衡

この映画には、いわば「グローバロニー」（globaloney：global と baloney〈たわごとの意味〉を組み合わせた造語）の典型例ともいえる批判が示されているが、フーベルト・ザウパー監督は、ナイルパーチをめぐるムワンザの窮状に限らず、「貧しい国でとれる原材料なら、なんでも題材にして」同様の批判的問題意識による映画を撮影することが可能だと述べている。[2] 実際、そのとおりだろう。食資源の多様性を犠牲にして単一商品作物の生産のみに特化した場合の悲劇は、たとえばバナナについても生じている。

鶴見良行『バナナと日本人――フィリピン農園と食卓のあいだ』[3]は、日本向けの商品作物としてのバナナを栽培するフィリピンのプランテーションが、生産者に強いられたきわめて過酷な労働状況のうえに成り立っている現実を詳らかにした（本書第1章3参照）。フィリピン南部ミンダナオ島では、日本向けのバナナを大規模栽培するために、米、トウモロコシ、ココナツなどの多様な作物の栽培をあきらめざるをえなかった。このような構造的な仕組みが、生産者の選択肢を奪い、バナナ栽培への依存度をさらに高めてしまうのである。それでも日本人がフィリピン産バナナを消費し続けるのであれば、まだましだった。しかし、皮肉なことに一九七二年にピークをむかえた日本のバナナ消費量は、それ以後、減少し続けたのである。

グローバルな商品作物の代表格ともいえるコーヒーについても、同様の議論が可能である。映画『おいしいコーヒーの真実』（原題 Black Gold 二〇〇六年 イギリス、フランス）は、グローバルなコーヒー取引きのしくみが、エチオピア南部のコーヒー生産者に経済的困窮を強いている現状をテーマにした作品である。この映画に主役として登場するタデッセ・メスケラは、オロミア州のコーヒー生産者を統括する農協連合会代表として、フェアトレードの実現による生産者の労働環境と日常生活の改善に尽力している。タデッセによれば、コーヒーが生産者の手から消費者の手にわたるまで六度の業者間取引を経由しており、そうした多数の取引きの過程で中間搾取が生じている。また、コーヒーの国際価格を安定させるための輸出割当制度が廃止された一九八九年から、世界的なコーヒー価格の不安定化が増し、エチオピア産コーヒーは、驚くほどの安値で買いたたかれている。

オロミア州におけるコーヒー生産者の最低限の生活水準を維持するには、生産者価格を一キログラム一〇ブル（一ブル＝〇・一二米ドル 一ドル約八〇円換算だと約九六円）の水準に引き上げる必要があるが、映画撮影の時点では一キロわずか二ブルにすぎない。映画に登場するある生産者は五ブルになるだけでも生活は大きく変わると述べているが、わずか二ブルでは生命の維持さえ脅かされるほどの貧困を生産者に強いているのである。映画に登場するある若者は、家族が困窮しているのはすべてコーヒーのせいだとさえ主張する。しかしながら、生産者たちは、コーヒーの代わりに栽培可能な作物はチャットという「麻薬」性の嗜好品作物（チャットについては後述）しかないというジレンマに直面している。

食資源の多様性を犠牲にして単一商品作物の生産のみに特化した場合の、以上で述べたような悲劇は、どのような取り組みによって解消されるのだろうか。『おいしいコーヒーの真実』のタデッセは、フェアトレードによる公正価格の実現を訴えている。前述の鶴見良行『バナナと日本人』は、商品取引における生産者の主体的な意思決定が重要だとみている。

『バナナと日本人』では、そのような意味での主体性を発揮した人びとの具体例として、世界市場との結びつきを「自分たちの主体成長に利用した」一九世紀初期におけるインドネシア・スマトラ島のミナンカバウ人が紹介されている。また、フィリピン革命時（一八九八年）のネグロス島では、サトウキビという「世界市場で儲かる作物が持ちこまれたとき、それを喜んだ受益者の支配層もあったが、主体の中心になる労働者、農民は、それに反対し」、伝統的な水田稲作に回帰することを望んだという。(4)

4　単一商品作物からの脱却――ケニア中央高地の事例

(1)コーヒー栽培からの脱却へ

筆者の調査地である、ケニア中央高地のニャンベネ地方にあるイベンゲ・サウスイースト郡では、一九六〇年代にコーヒー栽培が普及したが、一九八九年以後のコーヒー価格の暴落を経て、コーヒー依存からの脱却を果たした地域である。『おいしいコーヒーの真実』で描かれているオロミア州では、コーヒー栽培からチャット栽培に切り替えた生産者が登場したが、同様に、ニャンベネ地方でも、一九九〇年代にチャット(ただしニャンベネ地方では「ミラー」という)への転換が進んだ。ただし、ニャンベネ地方は、単一商品生産のみに特化せず、ローカルな食資源の多様性を維持してきた点で、『おいしいコーヒーの真実』で描かれているコーヒー栽培農村とはまったく異なっている。だがそれは、いかにして可能だったのだろうか。

(2)自然環境の多様性と作物の多様性

ニャンベネ地方の中心都市マウア町の南東方向に位置するイゲンベ・サウスイースト郡は、北西から南東にかけて緩やかに傾斜する斜面に広がっており、南端は野生動物保護区(メル国立公園)のある平原地帯に続いている。標高一〇〇〇メートル以上の高原地帯には、行政役場・教会・小学校・露店・常設商店などが数多く立地し、人家が集中している。平原地帯は高原地帯に比べて人口密度が低い。

ここに住むイゲンベの人びと(バントゥ系のメル人のサブグループ)は、高原に居住しながら、高原地帯と平原地帯との両方を耕作して、それぞれの社会条件や自然環境に適した作物を栽培している。たとえば、高原地帯は

表　一年間の農業サイクル

	1月	2月	3月	4月	5月	6月	7月	8月	9月	10月	11月	12月
雨　期			▐	■	■					▐	■	■
畑起こし			■						■	▌		
種まき			▐	▌						■		
草取り				▐	■						■	▌
収穫（豆類）	■					▐	▌					
収穫（メイズ）		■	■				▐	■	▌			

写真1　農作業のため高原地帯から平原地帯に通う人びと

コーヒーや茶、後述するミラーなどの商品作物栽培と、牛・山羊・羊・家禽などの家畜飼育とを優先し、平原地帯はメイズ（白トウモロコシ）やインゲン豆をはじめとする豆類の自給作物栽培を優先する。人びとは、広範囲に分散した複数の耕地を同時に管理するため、日常的に片道五キロメートルから一〇キロメートルの道のりを歩き、平原地帯の畑に通っている（写真1）。

イゲンベの人びとは、毎年交互に二度ずつやってくる雨季と乾季のサイクルを利用して、豆とメイズを年に二回播種し、収穫する（表参照）。ここ数年の傾向では、三月中旬から五月末までの雨季と、一〇月中旬から一二月末までの雨季とでは、後者のほうが比較的安定していて農作物の生育に望ましい降水量が得られている。一〇月中旬からの雨季は、一〇月一五日の前後に突然、訪れる。村の誰もがみな、それを知っている。だから、雨季が始まる前に、つまり九月から一〇月上旬にかけて、畑起こしと種まきを済ませておく。雨季が始まる直前は、雲一つない青空と強い日差しの日が続くので、炎天下での農作業にはたいへんな根気がいる。雨季が始まると、今度は、畑のあらゆるところから伸びてくる雑草の除去に忙しくなる。毎日降りそそぐ雨のために足もとが極端に悪くなり、畑に通うこと自体が一苦労である。

豆の収穫が間近に迫る一二月下旬は、農作業が一段落して、束の間の休息を愉しむことができる。その時期は、ちょうどクリスマスと重なるし、割礼のシーズンとも重なる。イゲンベの人びと（現在は男性のみ）は、割礼（生殖器の部分切除）を伴う人生儀礼を〈おとな〉になるための第一歩と考えて大切にしている。

以上のような生産活動から得られる食材はきわめて多様である。イゲンベの人びとは、バナナといっても形状や性質によって少なくとも四種類のタイプを区別しているし、同じインゲン豆でも豆表面の模様によって少なくとも五種類のタイプを区別している。インゲン豆のほかにも、豆類あるいは豆類に準ずるものとして、ササゲ（豆のほか葉も食用になる）、キマメ（樹豆）、フジマメ（黒色で大粒の豆）、リョクトウ（緑豆）を栽培している（写真2）。根茎類については、ヤム、サツマイモ、クズウコン、キャッサバなどを栽培している。以上のような食糧作物のほかにも、牛の飼料としてネピアグラス（イネ科の多年生草）や、コーヒーやミラーといった商品作物をあわせて栽培している。

写真2　多様な豆類

また、小規模ながら養蜂業も営まれている（ニャンベネ地方の蜂蜜には、お酒をつくる［水に蜂蜜を溶き、ソーセージノキ〈ノーゼンカズラ科の落葉高木〉の実を加えて発酵させる］、保存食をつくる［羊の脂肉を加熱し蜂蜜壷に入れておくと、何年も保存可能な非常食となる］、祝福の儀礼に用いる［水に溶いた蜂蜜を口に含み、吹きかける］などのさまざまな用途がある）。筆

写真3　さまざまな作物を混作している畑

写真4　ニャンベネ地方の家庭料理キザンダ

者が調査のために住み込んだ農家では、屋敷地をとりかこむ直近の畑に、以上のうちの大部分を混作していた(写真3)。ただし、前述のとおり、屋敷地に近い畑では商品作物栽培と牛・山羊・羊・家禽などの家畜飼育とを優先し、平原地帯はメイズや豆類の自給作物栽培を優先するという傾向がある。

(3) 作物の多様性を維持する伝統

作物の多様性に比べて、日常的に消費されるメニューの多様性はあまりない。日々の食事をなす家庭料理は、キザンダとよばれる料理(バナナ、ジャガイモ、インゲン豆、ササゲの葉などを煮込んでマッシュ状にしたもの：写真

4)、ムジコレとよばれる料理（臼と杵を使ってやわらかくしたメイズをインゲン豆などとともに煮込んだもの）、あるいはいわゆる豆ご飯（インゲン豆と一緒に炊いたもの）である。ウガリ（トウモロコシの粉を熱湯でこねたもの）は、ケニアの国民食ともいわれるが、ニャンベネ地方では日常食としてあまり一般化していない。朝食にはウスル（ミレット〈イネ科のキビの一種〉等のおかゆ）が好まれるが、準備に手間がかかることから家庭で日常的に消費されているわけではない。牛肉や山羊肉などの肉類は、祝い事や来客をむかえての特別行事には欠かせないが、毎日の生活で消費することは稀である。

イゲンベの人びとは、多岐にわたる作物をそれぞれの世帯がそれぞれに栽培しているが、もちろん日常食に含まれるさまざまな食材のすべてを自分たちの手で生産しているというわけではない。たとえば、コメはケニア山南麓のムエア灌漑事業区において大規模に生産されており[5]、イゲンベの人びとは、村にある個人商店で購入したムエア産の米を利用している。植民地支配が始まる前、ニャンベネ地方などケニア中央高地の降雨量が安定した豊かな農耕地帯の人びとは、周囲の乾燥地帯の人びととの間に経済的な相互依存関係のネットワークを育んでいた。一九世紀の後半には、前者は後者にヤムとバナナを、後者は前者に動物油・皮革・豆類を供給するなどの地域間交易するシステムを発達させていた[6]。

このように、イゲンベの人びとが、いくつかの食材について歴史的に他地域に依存してきたことは事実である。しかし、現在でも耕地をコーヒーやミラーといった有力商品作物の栽培のみに利用することなく、それぞれの世帯がそれぞれに豊かな作物の多様性を維持しており、主食となるたいていの基本的作物を自ら栽培していることは注目に値する。

写真5　ニャンベネ地方におけるコーヒーの収穫

（4）コーヒー栽培からミラー栽培へ

ニャンベネ地方では、一九六〇年代にコーヒーが商品作物として広範に栽培されるようになった（写真5）。その後一九八〇年代まで着実に成長し、大多数の世帯が栽培するようになった。ところが、一九八〇年代末に、市場価格の低迷のために多くの人びとがコーヒー栽培を続ける意欲を失った。それに代わる商品作物となったのがミラーである。ミラーとは、ニシキギ科の常緑低木で、アラビア語圏ではカート、エチオピアではチャットとよばれる。一〇センチから二〇センチの長さに成長した瑞枝を摘み取り、しがんで（くちゃくちゃに噛む）楽しむ。煙草や茶のように若干の覚醒作用があるといわれる。ニャンベネ地方では、主に男性が日常的に愛用するが、同時にさまざまな儀式で用いられる伝統的なアイテムでもある（ミラーは、たとえば結婚の段取りなどで特別な意味をもつ。若者はミラーの束を抱えて恋人宅を訪問する。娘が父親の前でそれを噛み、父がそれを噛むと結婚を許す正式な許可表明となる）。

一九九〇年代になると、ミラーが、同一の植生帯で栽培されることが好ましいとされるコーヒーを、徐々に駆逐し始めたといわれている。そして、ミラーは、今日、イゲンベの人びとが住むニャンベネ地方から、ケニア国内各地、近隣諸国、さらにはアフリカ系移民（特にソマリ人）が住むイギリス（写真6）などにも出荷される商品作物として知られる。ニャンベネ地方は、ケニアで唯一最大のミラーの生産地であり、ケニアの有力紙 Daily Nation によると、ミラーの輸出によって、ニャンベネ地方の生産者は、全体で一日あたり総額一八〇〇万シリング（一シリング＝約一・五円）の収入を得ているという（Daily Nation 二〇〇六年一月一七日）。同紙によれば、コーヒーの栽培農家の年間収入が二万シリングにすぎないのに対して、ごく一般的なミラーの栽培農家は三万シリングの月間収入を得ているという（二〇〇五年一二月二五日）。私が調査をしている農村で三万シリングの月収を得ている農家は稀だが、一エーカー（約〇・四ha＝四〇〇〇㎡）の土地いっぱいに樹齢一〇年以上のミラーを生育している畑であれば月に一万シリングを得ることは十分可能である。

写真6　ロンドン市で入手したニャンベネ地方産ミラー

ニャンベネ地方のミラー産業は、生産部門のみならず、加工・流通部門においても発達し、とりわけ加工部門において多数の一時雇用を生み出している。早朝六時から七時の間に収穫されたミラーの大束は、七時から八時にかけて各地の公共広場で生産者から地元出身の仲買人に売却される。その直後、広場周辺で仲買人が組織するワークショップにおいて流れ作業で摘葉（瑞枝から葉をとり除く）・梱包を中心とする加工が施され（写真7）、午前一一時、遅くとも昼時までにはマウア郊外の停車場に運搬され、元々の発注者であるソマリ人卸売人の手に渡る。

ミラーの産地では、ほぼ毎日のようにワークショップが営まれているが、そこで加工作業の担い手となるのは地元住民、とりわけ未婚男性、未婚女性（シングルマザーを含む）である。概して品薄になる乾季より

写真7　ミラー梱包のワークショップ

も、多量の収穫が可能な雨季のほうが人手不足になりやすく、ワークショップでの作業に対する支払いはよい。だが、たとえば端境期にあたる一〇月でも、朝八時から昼前の一一時まで働いて一日一五〇シリング程度の現金を得ることは、さほど難しいことではない。学童・未婚女性・既婚男女の場合、猥談が飛び交うことさえある泥臭い雰囲気のワークショップの場に身を置き、不安定な未熟練労働をすることは好ましくないと考えられている。だが、誰であれ生産者としてカート（ミラーと同様に麻薬性がある）栽培に従事することは、まったくといってよいほど問題視されない。ただし、高等教育と正規雇用の社会的価値を重視する人は、加工部門の不安定性ならびに流通部門のギャンブル性を嫌って、カート産業一般を「まやかしのビジネス」だと揶揄することがしばしばある。

現在、こうしたミラー産業は、ケニアではニャンベネ地方、特にイゲンベの人びとが居住する地域のみにおいて大規模に発達している。そして、ミラー産業は、生産・加工・流通のすべての部門において、重要な収入源となっている。小規模に栽培する地元農民、ワークショップで一時雇用を得る労働者、生産・流通において成功を収め巨富を築いた実業家取り混ぜて、多くの人びとが各々に「ミラー・ビジネス」を営んでいる。このように、ミラーは、社会経済的弱者を含めての草の根の経済活動を全体的に底上げしているといってもよい。

（5）多品種作物栽培維持の理由

イゲンベ・サウスイースト郡の人びとは、先述のように、コーヒーならびにミラーというグローバルな商品作物を栽培する地域でありながら、すべての資源を商品作物の栽培に集中させることなく、結果的に栽培作物の多様性を維持し続けている。筆者は、それには二つの理由があると考えている。第一に利用可能な土地が豊富にあり、商品作物の栽培地を拡大しても食糧作物の栽培地を確保することが可能であること、第二にイゲンベの人びとが耕地と栽培種を分散させる農耕システムを伝統的に発達させてきたことである。

地理学者のフランク・バーナードが指摘したように、イゲンベ（を含むメルの人びと）の伝統的農耕は、多種栽培と耕地分散によるリスク低減を特徴としてきた(7)。ニャンベネ地方における人間の居住域は、標高八〇〇メートルから一八〇〇メートルの範囲の丘陵斜面に広がっており、標高の高い高原地帯と低い平原地帯では、土壌や気候など生態学的環境が異なっている。イゲンベの伝統的な農業は、一カ所に耕地を集中させるよりも、広範囲に分散させ、それぞれの土地に適した作物を栽培することで食糧危機のリスクを低減させてきた。

植民地化以後、そうした伝統的農耕システムを脅かす外部要因が生じた。すなわち、イギリスによる植民地支配の時代に始まった土地登記事業の過程で、土地の交換分合（land consolidation：広域に分散した一世帯の耕地を一カ所に固めること）事業が土地政策の基本となった。そのことによって、生産効率を向上させることができると考えられたためである。独立後もこの政策が維持され、一九六〇年代半ばには、ニャンベネ地方でも交換分合事業が開始されることになった。そうした土地政策によって交換分合が実施された地域では、耕地分散型の伝統的農耕システムが崩壊した(8)。

ニャンベネ地方を含むケニア中央高地では、国際市場における有力な商品としてのコーヒー、茶、綿花などに

図　イゲンベの土地制度

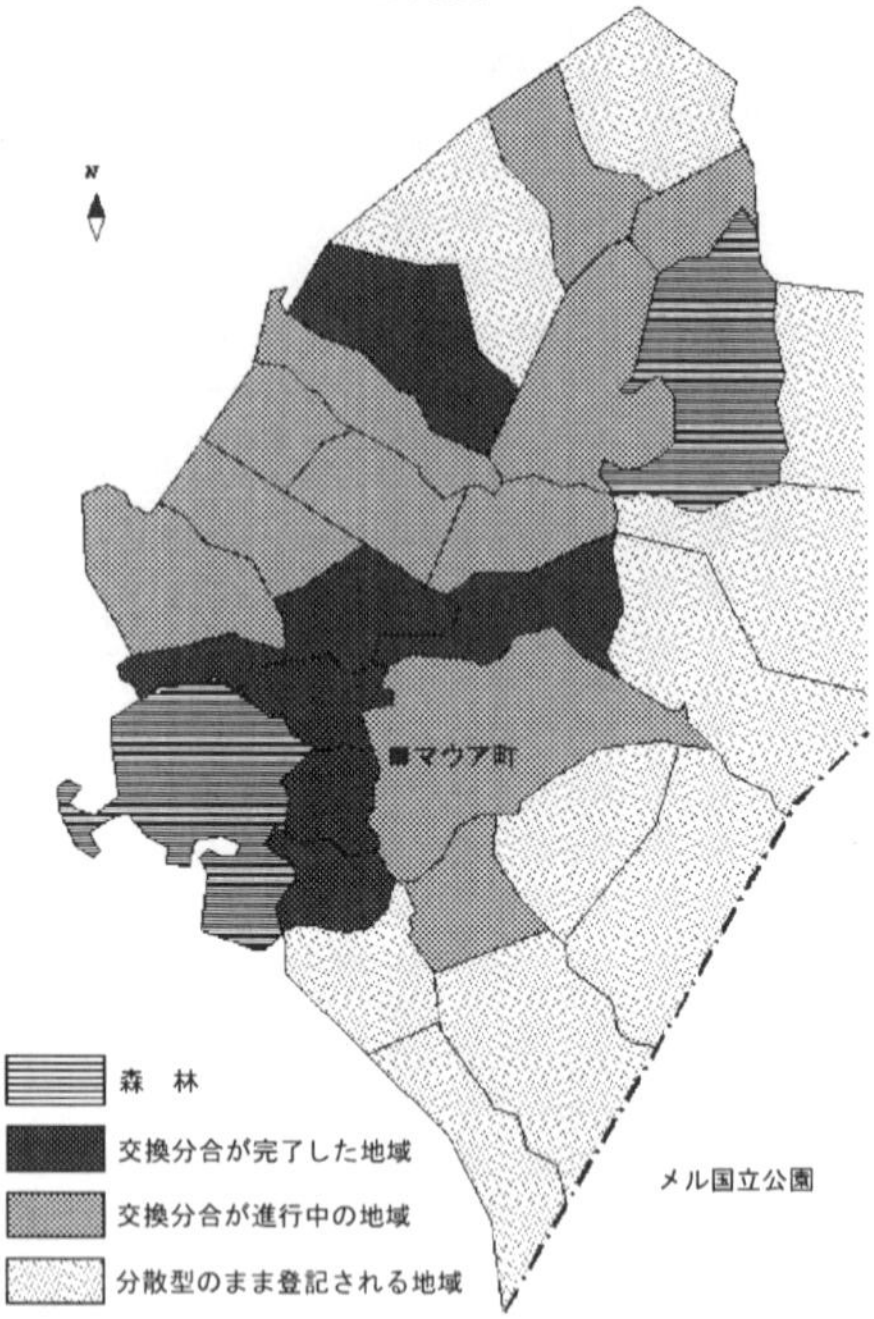

加えて、ケニア国内で流通するジャガイモ、キャベツ、タマネギなどが商品作物として導入された。バナナを商品作物とした地域もある。ニャンベネ地方は、特にコーヒーと茶においてケニア有数の栽培地帯へと成長し、バーナードが指摘するとおり、土地の交換分合が行なわれた地域では、こうした商品作物の単一栽培がすすんだ。

しかし、イゲンベ・サウスイースト郡では、結果的に伝統的な農耕システムを手放すことがなかった。隣人同士で土地を交換したり、自分自身が住まいを移動したりして、代々受け継いできた土地を手放すことを強いる政策には、導入当初から住民の強い反発があり、また数多くの土地紛争を生み出した。これらの問題に関する政府報告書が一九六六年に刊行されると、その直後の一九六七年には、交換分合が適当でない地域については伝統的な土地所有を維持したまま土地登記を進めるという方向へと政策が転換した。イゲンベ・サウスイースト郡は、土地政策の転換後に登記事業が開始されたため、住民の意思に反する交換分合は行なわれなかった。

図は、イゲンベの居住地域における現在の土地制度を示したものである。人びとの居住地域を、土地制度の観点から見ると、三つに区分することができる。①土地の交換分合が完了し、登記が完了した地域、②土地の交換分合が進行中の地域、③政策転換の後に登記事業が開始された地域（土地の交換分合が行なわれず、伝統的な分散型土地所有のまま土地登記が進行している地域)、の三区分である。③のエリアに属するイゲンベ・サウスイースト郡は、今日でも耕地を広範囲に分散させる方法が生きている。

5　グローバル経済と私たちの暮らし

今まで述べてきたイゲンベ・サウスイースト郡の人びとも、伝統的な耕地分散型の農耕システムを維持していけるという保障はない。予想されるリスクは、将来かならず生じるだろう土地不足である。将来、兄弟間の土地の均分相続の結果、一世帯あたりの耕地が限られるようになると、ミラーの単一栽培への全面転換に傾く可能性はあるだろうか。人びとは、生活の糧を耕地に依存している現状では、そうした転換には大きなリスクがあると考えている。それは、ミラーの生産と消費に対する欧米からの根強い批判があるためである。アメリカやカナダをはじめ、ニャンベネ地方における地域固有の嗜好品作物として長い歴史をもつミラーを、非合法麻薬として禁止する国は少なくない。ニャンベネ地方で生産されるミラーの輸出先であるロンドンでは、現時点では合法だが、ミラーの輸入を禁止すべきだとする根強い意見がある。コーヒー価格の暴落による経済的困窮をかつて経験したニャンベネ地方の人びとは、国際市場の行方に自分たちの生活をゆだねることのリスクを十分に認識している。

これは、筆者が現地で垣間見た一例にすぎないが、同様の世界の動向は、程度や形態は違っても、現地の人びとの暮らしと食生活に大きな影響を与えていると言ってよい。ポリス(二〇〇五)が「コーヒー、カカオ、コメ、綿花、コショウの暗黒物語」と呼んだように、(9) 食品のグローバル化には、現地の人びとの暮らしを豊かにする反面、負の側面も共存する。つまり、世界のグローバル化と都市化および、それに伴う所得の向上は、暮らしを豊かにする一方で、その恩恵に預かれない人びともまた増加させている。

二〇一一年に入って、インドのニューデリーでは、政府に穀物や薬草など、食料価格高騰への対策と貧困者への食料分配を求める約六万人もの民衆が、デモに参加したという。これは、生活水準の向上による世界の穀物価格の値上がりに端を発している。今や、ローカルな人びとの暮らしが、グローバルな経済の変動に、ますます大きく連動するようになった。

私たちが日常、当たり前に飲んでいるコーヒー、カカオ、あるいはバレンタインデーのチョコレートも、世界中を舞台に展開している生産国と消費国の経済活動のもたらしたものである。それは、国際企業や流通機構だけの問題ではない。暮らしとローカルな食文化に直結している問題でもある。私たちが喫茶店で飲むコーヒーや紅茶の一杯さえ、世界の動向と深く関わっていることに、だれもが自覚的でなければならないだろう。

【参考文献】

（1）松本仁一『アフリカを食べる』朝日新聞社、1996

（2）西谷修編『グローバル化と奈落の夢』せりか書房、2006, p.77.

（3）鶴見良行『バナナと日本人——フィリピン農園と食卓のあいだ』岩波新書、1982

（4）鶴見良行　同書 1982, p.167.

（5）石井洋子『開発フロンティアの民族誌——東アフリカ・灌漑なかに生きる人びと』御茶の水書房、2007

（6）Ambler, Charles 1988 *Kenyan Communities in the Age of Imperialism: The Central Region in the Late Nineteenth Century.* Yale University Press.

（7）Bernard, Frank Edward, 1972, *East of Mount Kenya: Meru Agriculture in Transition.* WeltforumVerlag. pp.141-143.

（8）Bernard 同書、p.143.

（9）ボリス、ジャン=ピエール『コーヒー、カカオ、コメ、綿花、コショウの暗黒物語——生産者を死に追いやるグローバル経済』（林昌宏訳）作品社、2009

Column 8

イギリス人の紅茶と食事をめぐる人間関係

塩路　有子

英国で「お茶に来てください」と言われたら、それは相手が自分に愛着や興味をもってくれた証拠であり、ゆっくり話をしましょうという意味である。紅茶を飲む際、カップ＆ソーサーは賓客や格式張った状況で使用されることが多く、一般家庭ではマグを使うことが多い。出される茶器は、相手と自分の距離感や位置づけを知るのにも役立つ。

さらに、「夕食に来てください」と、ディナー・パーティと呼ばれる夕食会に招かれるのは、お茶よりも一歩進んだ関係である。同時に、お茶とは違う次元の関係でもある。彼らは頻繁にディナー・パーティを開き、友人や知人、近所の人を自宅に招く。夕食会は、プライベートなリラックスした雰囲気で、互いを知るのに役立ち、そこから人びとのソーシャルなネットワークが構築されることが多い。

食前酒を飲みながら紹介しあうと、テーブルにつき、ディナーが始まる。前菜やスープが出るときもあれば、メイン・ディッシュから始まることもある。伝統的なイギリス料理としては、ロースト・ビーフにヨークシャー・プディング、温野菜、マッシュポテトにローストポテトといろいろ皿にのせて、上からグレービー・ソースをかける。食べながら、会話がはずみ、デザートになる頃には、人びとはすっかり打ち解けている。最後に、チーズをつまみにワインを飲みながら、少し込み入った話や告白話をしたり、男性は食後酒を飲んでさらに突っ込んだ議論をしたりする。

一方で、カップ＆ソーサーやディナー・セットのような食器類は、人びとを死者とつなげる場合もある。彼らは、食器類を親族内で継承する習慣があるため、親族の記憶が込められていることが多い。彼らはそれらを居間の壁に掛けたり食器棚に収納したりして見えるようにしている。日常使っているものや家族行事で使用するものもある。

祖母の結婚祝いという100年以上前のカップ＆ソーサーや母親の使っていたディナー・セットなど、そこに込められた亡き親族の記憶は人それぞれである。なかには、４世代以上継承されているものもあり、食器を通して過去の親族やその生活について語り、その記憶を受け継いでいる。

クリスマス・ディナーを楽しむ家族

暖炉の上の壁に、祖母から受け継いだ大皿を飾る

2 地球環境の変化と食生活

小林　誠

1　生存と食糧の獲得

人間ほど世界中のさまざまな場所で生きている動物はいない。原生人類は一〇万年から二〇万年前にアフリカで誕生したといわれているが、その後、地球上の至る場所へと拡散していった。現在では、人類の居住場所は寒帯、温帯、乾燥帯、熱帯などすべてに広がり、気候の違いから動物相や植物相の違いまで、人間は実にさまざまな環境のなかで生きている。

世界中のさまざまな場所に移り住んで行く過程で、人びとはその土地の自然環境に順応していった。この順応の過程においては、特に食料の獲得にかかわる側面が重要である。たとえば、極地にいるエスキモーやイヌイットと呼ばれる人たちは、夏は陸上のテントに住みながらカリブーや鳥の猟、漁撈などを行ない、冬にはイグルーと呼ばれる氷でできた家に住んでアザラシ猟をするというように、極地域の気候や生態系に合わせた生活様式を確立してきた。ほかにもモンゴル高原に住む遊牧民たちは、移動を繰り返しながら羊や馬の放牧を行なうことで、草原という植生に適合した生業形態を生み出してきた。

しかし、グローバル化が進んだ現在、食料の獲得は一つの社会のみで完結しているわけではない。アグリビジネスなどの企業活動、グローバルに展開する食糧市場への投機、政府や国際機関による開発支援などのさまざまな影響を受け、ローカルな社会の生業活動や食生活が大きく変容している過程にある。[1] さらにこうした動向のなかで、自然環境も一つの完結したエコ・システムとしてとらえるのではなく、グローバルとローカルの結節点としてとらえる視点が以前にもまして重要になってきている。以下では、グローバル化の中で生起している生業活動や食生活の変容について、自然環境の変化や経済的な変化との関連で考える。

2　気候変動と食糧の危機管理

(1) 自然環境の変動

自然環境の変化は、そこで生活している人びとの食にダイレクトに影響を与える。一見、当たり前のことであるが、自給自足的な生活から離れた都市に住んでいると、ふだんは、ほとんどそれを意識することはない。しかし、比較的生産物が豊富で、多くの国々から分散して輸入することで食料を安定的に確保できる日本のような国においてさえ、天候不順などの自然環境の変化が人びとの食生活に深刻な影響を与えることもある。

一九九三年の末から一九九四年にかけて、日本ではいわゆる米不足騒動が起こった。一九九三年の梅雨はかつてないほど長期間にわたり、夏場に必要な日照量が不足した。そのため米の作況指数（全国）が七四にまで低下した。当時、日本全国で毎年一〇〇〇万トンもの需要があったが、この年に収穫された米の総量は八〇〇万トンを下回った。[2]

この時の米不足は、米価の急騰を受けて始まった大正時代の米騒動に比較して語られるほどの、大きな社会問題となった。もっとも、一九一八年に起きた大正時代の米騒動では米問屋の打ちこわしなどの暴動事件が起こったが、それほどでないにしても、広く社会不安を喚起し、人びとが米の確保に奔走したというような共通点も多かった。一九九三年の凶作の際には、消費者はもとより卸売業者までもが買い占めを進めたため、一時、店先から米が消え、米を主食とする日本の食生活は混乱に陥ってしまった。

この時の凶作は、日本一国のみの被害であった。米不足を受けて、政府は農家保護の観点から禁止していた米の輸入を一部、解禁し、タイや中国などから二一〇万トンもの米の緊急輸入を行なった。一九九四年六月には早くも沖縄産のお米が出回り始め、ようやく事態は沈静化した。しかし、世界規模で、かつ長年にわたり、食料の生産が悪化し続けたとしたらどうなるだろうか。これは、近年問題となっている気候変動にも関連する問題である。

気候変動に関して最も信頼できる資料であるＩＰＣＣ（気候変動に関する政府間パネル）の報告書は次のように予測している。世界の平均気温が一〜三℃上昇すると食料生産能力が増加し、これを越えて気温が上がると食糧の生産量は減少する。[3] 温室効果ガスの排出が現在の割合で増加し続けるならば、二一世紀末に気温は四度上昇すると予測されており、今後、作物の生育にかなりの悪影響が出ると考えられる。さらに、それに加えて、気候変動によりさまざまな異常気象が生起する点も考慮に入れる必要がある。そうした異常気象には、日照りや高温、大雨、熱帯低気圧で影響を受ける日数の増加やそうした現象自体の深刻化などがあり、これが前述の気温の上昇による影響と相まって、世界の食料生産に甚大な影響を及ぼすと考えられている。

気候変動は食料の安定的な供給を脅かすものである。しかし、気をつけなければいけないのは、世界のすべての地域で気候変動の影響が均質に現れるのではなく、地域ごとに異なる様相を呈すことである。たとえば、太平洋の島嶼国は、気候変動やそれに伴って起きる海面上昇、干ばつなどの極端な気象状況の影響を特に受けやすい。そのなかでもとりわけ、サンゴによってつくられた環礁と呼ばれる島は、もともと土壌が貧困なために陸上の生態系が貧弱であり、海抜が数メートル程度しかないため、干ばつや海面上昇に対してきわめて脆弱である。

（2）南太平洋の保存食

南太平洋の環礁島では、いくつかの陸上の作物の栽培（ココナツ、タロイモ、パンノキ、バナナなど）と、豊富な海産物の漁撈（カツオ、マグロなどの回遊魚やラグーンに生息する近海魚など）、そして豚と鶏の飼養を組み合わせた生業スタイルを確立してきた。栽培作物や豚や鶏などの家畜は、今から二千年から一千年ほど前に環礁島に入植する際に持ち込んだものと、大航海時代から始まる西洋世界との交流の過程で導入されたものとに分けられるが、いずれにせよ、歴史的に形成されたこの生業スタイルは、貧困な土壌、不安定な淡水資源、潮風や高波による塩害などといった環礁の厳しい自然環境で暮らしいくうえで、非常に適合的であったといえる。一見「地上の楽園」のようにみえる環礁島は、実は、そこに住む人びとの植民活動によって「楽園」としてつくられてきたものなのである。

太平洋の島嶼国に暮らす人びとにとって、干ばつは常に頭を悩ます問題であり、彼らは独自のやり方でそれに対処する知恵を育んできた。そのなかでも、パンノキ（クワ科の常緑高木）の実を使った保存食は重要であった。貧弱な土壌でも豊かな実を結ぶことができるパンノキは、ポリネシアの小島嶼国において、重要な食料資源である。赤道から多少離れた場所では、一時期に大量に果実をつける。果実は直火で丸焼きにすれば食べることができるが、そのままにしておくとすぐに腐敗してしまう。この腐敗を防ぐために地中に埋め、発酵させて保存食にしてきた。独特の酸味をもつこの発酵食品は、珍味として非常に重要な価値をもつのに加え、何年にもわたって保存が可能になるという利点がある。水や作物を含む陸上資源に乏しい環礁島では、干ばつなどで何か月間も雨が降らないことがしばしば起こる。そのような時、この発酵食品が重要な意味をもつのである。

これは、ポリネシアの小島嶼部の貧弱な陸上生態系への適応だと考えられている。その証拠に、ポリネシアの西南に位置し、生態資源が非常に豊かで食料獲得手段が多様なメラネシアでは、こうした保存食の調理技術がほとんどみられない。メラネシアでは、たとえば、幹からデンプンを精製することが可能なサゴヤシの栽培や、サツマイモの焼き畑農耕、狩猟採集、豚飼養などの多様な生業活動で食料を獲得しており、不足した食料資源は交換などを通してほかから補充することも比較的容易である。それに対して、ポリネシアの環礁島のなかには面積がわずか数平方キロメートルほどしかない島もあり、ほかの島まで一〇〇キロメートル離れていることも珍しくない。こうした環境下で、干ばつなどの自然災害への備えが発達していることは、むしろ当然である。

もっとも、こうした保存食をはじめとする人びとの知恵は、これまでの気候や天候に即したものであって、今後予想される、人類が経験したことのないほどの変化に対応できるかどうかについては疑問である。なかでも気候変動に起因する海面上昇は、最も深刻な影響を及ぼすものと予想され、様々な対策が考えられている。

(3) ツバルの気候変動と食環境

環礁国家であるツバルは、彼らの主食の一つであるタロイモが海面上昇によって生育困難になるという危険性を憂慮し、耐塩性の高い品種の開発・導入を真剣に検討している。タロイモとは、サトイモ科の根茎類であり、広く太平洋の島嶼部全体で栽培される有用な作物である。乾燥した土地でも生育するが、水田のような湿地帯で生産性が高くなる。環礁島は土壌が貧困なため、地下に存在する淡水層に到達するまで掘削し、そこに、樹木の落ち葉などの有機肥料を長年にわたって加え、タロイモの掘削田を造成してきた。

環礁島の地形的、生態学的特性をうまく利用した農業であるといえるが、淡水層を活用するため、ただでさえ低い海抜の土地を掘りこんだことがアダになりかねない。海面上昇が進行すると、この地下の淡水層がまず塩水化してしまうと予測されているからである。

幸運なことに現在のところ気候変動や海面上昇などがツバルの食生活に壊滅的な被害をもたらすには至っていないが、その兆候であると考えられる現象は、すでに首都フナフチ環礁で観察されている。一九九〇年代以降、キングタイド（一年で潮位が最も高くなる二月末の大潮の満潮）の時に、島の中心部の地中から、かなりの塩分濃度の地下水が湧き出すという現象が報告されはじめた。この現象には、気候変動に起因する海面上昇が関係していると考えられている。二〇〇五年のキングタイドの被害は特に大きく、島の中央部にあるタロイモの大部分が塩害で枯れてしまったという。

写真1　よく整備されたナヌメア環礁のタロイモの掘削田。写真はスワンプ・タロ

写真2　機上からみたツバル

写真3　地中から湧き出した海水

先に紹介した耐塩性のタロイモの開発が成功すれば、こうした問題はいくぶん緩和されるであろうが、島の標高が数メートルしかないため、海面上昇が大幅に進行すると、将来的に島全体が水面下に没する可能性も否定できない。

ツバルの例から、気候変動は、食はおろか人類の生存の根幹さえ大きく変容させる危険性があることがわかる。しかし、そもそも気候変動が人為的な温室効果ガスの排出によって生起した問題であることからも明らかなように、自然環境の変化は、人間の営為の結果であることも多い。それでは、人間は、どのように周囲の自然環境を変化させてきたのだろうか。

3　開発と食環境の改変

(1) 食のグローバル化と東南アジアの開発——エビを中心に

人間の生存は、周囲の自然環境に一定程度、依存しているといって間違いないだろう。食に関していえば、すべてではないにしても、多くの場合、身の回りの生態系から食料を獲得している。よって、気候変動の例にも見たように、自然環境が変化すれば、それに伴い人びとの食も大きな影響を受ける。一方で、人間は常に受動的に自然環境に接してきたわけではなく、自ら獲得した知識や他の社会から伝わってきた技術などを参考にしながら、自然環境のなかの特定の要素を選択し利用してきた。さらに、単なる選択・利用だけにとどまらず、時に破壊を伴いながらも、先に記したタロイモの掘削田のように、自らの意図に沿ったかたちで自然環境を積極的に改変してきたのである。また、近年ではこうした自然環境の改変がグローバル規模で進められている。

東南アジアで養殖されるエビを題材にして考えてみよう。日本人が食べるエビはベトナム、インドネシア、タイなどの東南アジア諸国から輸入されている。日本向けのエビ輸出産業は、一九七〇年代にトロール網として始まったが、すぐに乱獲によって資源が枯渇してしまう。そこで、一九八〇年代以降に、エビの養殖が始まる。エビの養殖には大量の海水を必要とするため、マングローブ林を破壊しながら、海岸沿いに多くの養殖池が造られていく。

エビの養殖は、日本での需要の高まりに応じて進められたものである。日本では、かつてエビの消費量はそんなに多くなかったが、食文化の変化を受けて、次第に大量のエビを消費するようになっていく。こうした日本市場の動向が東南アジアの景観を形づくる要因の一つであったのである。

もっとも、日本の食文化の変化のみならず、東南アジアの暮らしぶりの変化もこうした変化をもたらした背景として見る必要がある。いわゆる開発途上国に分類される東南アジアの国々の人びともまた、貨幣経済化の流れのなかで、現金収入がますます必要になりつつあった。稲作よりも現金収入を多く得られることもあって、多くの農家の人びとが、水田やマングローブ林などを、次々と養殖用の池に変えていったのである。このように、日本社会における消費の変化と、現地社会の経済的な状況の二つが複雑に絡み合うことで、養殖場という近代的な景観が成立していたのである。

エビの養殖によって必ずしも人びとが「幸せ」になったというわけではない。グローバル経済への参入により金銭を手に入れたが、それはグローバル経済への依存度が高まったことを意味する。そこで問題になってくるのが、たとえば、日本でエビの需要が極端に減少したとか、他の競合相手が現れたときなどである。後者に関していえば、近年、中国などで輸出向けのエビの養殖が始まっており、東南アジアの国々は熾烈な価格競争にさらされている。さらに、競合相手の出現で低価格競争が激化し、養殖場の維持管理にかける費用を削ってしまったことから、水質汚濁や病虫害の発生を招くといった問題を抱えるようになった。

エビの養殖は、生態資源の枯渇や生業活動の衰退といったかたちで、ローカル社会に影響を及ぼしている。養殖場をつくる際に破壊されたマングローブ林は海の生物相を育む重要な場所であったため、沿岸部の漁業資源の減少を招くことになった。また、養殖池から排出される塩水や汚染物質が近隣の水田や河川に流れ込んでおり、近隣の漁民たちは漁獲量の減少に苦しみ、農業を続けている人は汚染物質の被害を受けることになった。エビの養殖が進展する一方で、もともと行なわれていた生業活動が衰退してしまったというマイナスの影響がみられるのである。

気候変動による影響は、社会的な弱者に最も顕著なかたちで現れる。エビの養殖などの社会・経済的な変化によってローカル社会の活力が失われてしまうと、それに伴い気候変動の影響に対する脆弱性が増加してしまう危険性がある。こうしたことから、輸出用の食料生産は、自国の食の危機管理にとって、大きな問題となる。日本は大量の食料品を輸入しているが、産出国では、輸出用産品を生産するのに要する水や土を脆弱化させ、生業活動の機会を奪い、気候変動の影響を受けやすくさせることにも、つながりかねないのである。

（2）南太平洋の食環境の再編

①グローバル化と輸入食品の流入

気候変動をはじめとする自然環境の変化が食に重大な影響を及ぼし、逆に食に関する変化が周りの自然環境を形づくってきた。そしてこうした変化は、一つの社会を超えてグローバルに展開している。それでは、こうした状況のなかで、食はどのように変化し、再編されていくのだろうか。

近年、南太平洋の国々では多くの輸入食品が流入するようになり、伝統的な食生活が大きく変容している。特に都市部ではその変化が著しい。ビスケット、紅茶、ご飯、コンビーフ、魚の缶詰などが商店で手に入り、輸入されたものだけで一日の食を賄っている人も多い。ツバルでは米や小麦粉などの輸入品に頼るようになるにつれ、かつて重要な炭水化物源であったココナツは、豚のエサとして活用されはじめた。また、すぐ近くにある海で魚がとれるのだが、都市的な生活をしている人びとは漁に行く時間がなく、購入する魚よりも缶詰めのほうが安いこともあって、「海に囲まれた環礁島で輸入した魚の缶詰を食べる」という光景に出くわすことも多くなった。さらに、多くの家庭で大型の冷蔵庫を備えるようになると、魚の干物などの保存食を作る意義が相対的に低下した。

もっとも、こうした変化を、一概に伝統の破壊と決めつけてしまうことはできない。伝統的な食と輸入食品が複雑に混ざり合いながら、新たな食文化がつくりだされている点も特筆すべきだろう。たとえば、ツバルでは、ココヤシの樹液であるトディーと小麦粉を使ったコーパイという料理があるが、これは、すでにツバル人の郷土料理として愛されている。また、ココナツ・ミルクで炊かれたご飯は、新しい食材を従来のやり方の延長線上で味付けして出来上がったものであり、輸入品の流入によって創作された新たな食文化といえる。

②フュージョン料理の形成

さて、多くの輸入食品が太平洋の島嶼国へと流入する一方、島民たちは出稼ぎ労働というかたちで、ニュージーランドやオーストラリア、アメリカ合衆国などへ移住していった。なかには、クック諸島のように母国の人口二万人の倍にもなる四万人が、ニュージーランドに居住している例もある。こうした移民はホームランドから遠く離れてはいるが、ホームランドのコミュニティや親族とのつながりを失ったわけではない。彼らは、送金や手紙・インターネットによるコミュニケーション、さらには相互の訪問を通して、互いの紐帯を保つことで、海外に居住しながらもホームランドの社会に大きな影響を与える存在となっている。国内での輸出産業が発達していないため、こうした移民による送金は非常に大きな意味をもっている。輸入食品の流入は、こうした移民たちによる送金によって支えられているのである。

彼らは新たに移り住んだ場所の食文化の影響を受ける。しかし、それと同時に、ホームランドの食を新たな場所に持ち込むことにもなる。現在、ニュージーランドのオークランドは、多くの太平洋諸島民が住む都市になっているが、そこには、彼らがホームランドで親しんできた食品の多くを見ることができる。たとえば、オークランド市郊外では、週に一度、こうした太平洋諸島民の市場が開かれ、ココナツ、タロイモ、カヴァ（コショウ科の植物の根をすりおろして粉末状にしたもので、水に溶かして飲むと鎮静作用をもよおすことから、広く南太平洋では嗜好品として愛されている）などを購入することができる。太平洋の島嶼民が慣れ親しんだタロイモやカヴァといった食料品や嗜好品は、母国などから輸入されたものである。

このように、人の移動・拡散に伴って、彼らが常食としていた食もまた移動・拡散していると捉えることができる。そのため、多様な移民集団を擁する国では、多くの食文化を一度に見ることができる。たとえば、フランス領ポリネシアのニューカレドニアでは、先住民であるカナクや植民地統治者であったフランスなどのほかに、近隣のヴァヌアツ（メラネシア系）、タヒチ（ポリネシア系）、ヴェトナム、インドネシア、中国、日本などの多様な移民集団が共住しており、そうしたエスニック的な状況を背景にして、多様なエスニック・フードを見ることができる。こうしたことから、ニューカレドニアでは、フランス対先住民といった対立図式では捉えられない複雑で多様な文化が、まさにひしめいており、また、こうした食文化が相互に影響を与え合うことで「フュージョン・フード」と呼ばれる新たな食文化がつくりだされているという[4]。

③創作飲料、ノニ・ジュース

複数のエスニック集団の相互交流のなかで新たに形成された食品の例として、ハワイやタヒチなどで製造されるノニ・ジュースがある。ノニ・ジュースとは、ノニと呼ばれる、熱帯に広く自生する低木の果実を発酵させてつくったジュースのことである。独特な苦みがあることと、アメリカで健康食品としての効能が認められたことが相まって、日本でも二〇〇〇年以降に、一般に流通するようになった。「ポリネシアの伝統的秘薬」としてエキゾチックなイメージが盛んに喚起されたこともあり、ポリネシアの人びとが伝統的に利用していたものと考えられているが、実は、こうした地域に広くノニが自生してはいたものの、それをノニ・ジュースとして飲むことはほとんどなかった。

写真4　ノニの実。成熟するにつれて、果実が緑色から白色に変化し、独特な匂いを発するようになる

ノニ・ジュースはポリネシアにもともとあったものではなく、移住した中国系の人びとの影響によりつくりだされたものであるという。一九九〇年初頭のハワイでノニ・ブームが起き、これがアメリカ本土でも流通しはじめると、ハワイやタヒチ、クック諸島、サモア、トンガなど、ポリネシア全域でノニ・ジュースがつくられるようになったのである[5]。

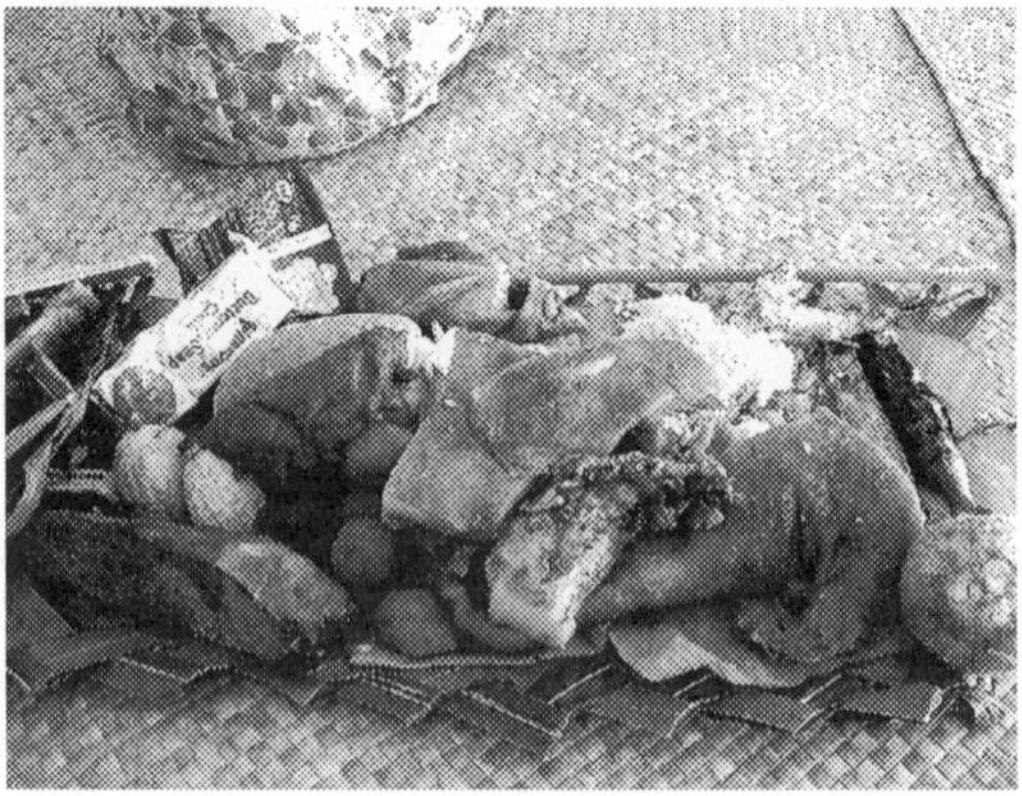
写真5　饗宴で出される料理。鶏、豚などの伝統的な食べ物からパンや缶詰など輸入食品までずらりと並ぶ

このように、グローバル化のなかで、南太平洋の食文化は多様な展開をしていることがわかる。一般的には輸入品が増えると土着の食文化が破壊されると決めつけられることが多いが、実際は、新たな食が流入すると、住民はそれを選択的に受容し、時に一部改変し、新たな食材を既存の調理方法で調理するなどして、ローカル化している側面も見逃すことができない。さらに、ノニ・ジュースの例でみたように、さまざまな文化的背景をもつ人びとの間で新たな食が生まれるなど、創造的に展開している点も指摘できよう。

4　健康問題とローカル食の復権

(1) 伝統食の見直しと健康志向

食には、変容し、新たな食が創造されるという側面があるが、他方で、かつての食を取り戻そうという面もある。グローバル化が進み、海外からの輸入食品が増加するなかで、太平洋の島嶼社会では広く、伝統食が見直されるようになった。その契機となっているのは、病気や健康問題、特に肥満や糖尿病などが深刻化していることである。

肥満をはじめとする健康問題の背景には、生活スタイルの変化やそれに伴う運動量の減少、食事量の増加なども大きく作用していると考えられるが、輸入食品への過度な依存もその一因であるという指摘もある。太平洋島嶼部における伝統的な食事はイモ類、魚介類、ココナツなどの組み合わせによって栄養学的に非常にバランスのとれたものであった。しかし、「輸入食品の流入によって伝統的な食生活のバランスが崩れてしまったこと、近代的な食品が崩れたバランスを補正する方向に働いていないこと」[6]によって、野菜類の消費量はほとんど増加せず、脂肪分、砂糖・甘味料などの過剰な摂取へとつながってしまったのである。

しかし、肥満などの健康問題は栄養学的な問題としてだけではなく、食物や身体、そして健康がどのように捉えられているのかという視点からも、見ていく必要がある。たしかに、医学的には、肥満は体格指数ＢＭＩ（体重(kg)／身長(m)の二乗）や、体脂肪率の測定をもって定義されており、こうした数値は客観的なものと考えられている。しかし、こうした計測方法や計算された数値の何をもって肥満とするかは、現代の西洋社会に固有な肥満の捉え方と、無関係であるわけではない。つまり、一見「科学的」、「客観的」に見える数値にも、そこにはある社会（この場合では現代の西洋社会）の固有の価値観が巧妙に入り込んでいる。

今の西洋社会における「理想的な」身体観は、たとえば、アメリカ合衆国のホワイトカラー層の人びとのそれに、明確に見ることができる。彼らにとって「肥満」であることは、自らの身体を適切に「管理」することができない証拠である。そのため、肥満は、自らの会社内での昇進などの評価・査定に如実に反映されることになる。自らの身体をコントロールして常に「スリム」でいることが理想的であり、そしてそれが健康にもいいというのである。

それに対して、太平洋世界においては、もちろん、現代の西洋社会、もしくは医学的意味での「肥満」概念はなかったといえる。トンガでは、

写真６　ツバルのとある家族

たとえば、「身体が大きい（*sinolahi*）」という言葉のなかに、私たちの感覚でいう「太っている」状態も含まれているが、それは決して否定的な意味で使われることはなかったという。しかし、近年では、現代的な健康観の流入に伴い、肥満を問題視する傾向が強くなり、また伝統的な健康観との葛藤状態も生じている（第1章1参照）。

（2）南太平洋における「身土不二《しんどふじ》」化の動向

それでは、太平洋地域の伝統的な身体観と食はどのような関係にあるのであろうか。この点について、まずは親子のつながりを検討してみよう。

日本語の「同じ血をひく」という表現からもわかるように、親子はなんらかの身体的物質（サブスタンス）を共有すると考えられていることが多い。こうした身体的物質の共有がどのように象徴的に表現されるかは、社会によりさまざまである。たとえば、「血」「肉」「骨」などがあげられる。他方、子どもの身体は、その後の成長の過程で獲得される側面もある。この点については生物学的な親子関係にはない養子を取り上げて考えるとわかりやすいだろう。

先に紹介したツバルでは、生物学的な親子関係は「骨」を共有し、養父母とその子どもは「肉」を共有すると表現される。つまり、「骨」は生物学的な父母から受け継がれる一方で、成長の過程で食事を共にすることで子どもの「肉」となる。養父母との関係でいえば、それゆえ子どもの身体は、養父母と同じ「肉」に変化していくということになる。

たとえば、少なくとも現代の日本社会では、ある人の身体は遺伝的に決定されていると一般的に考えられているが、それがすべての社会において重要であると考えられているかというと、そうでもないということが、この事例からもわかる。

また、日本でも、子どもの平均身長の伸びが食生活の欧米化と関連づけて論じられるが、同様に多くの社会では、食べ物の変化が身体的な変化を招くと説明される。先の肥満の例と矛盾するようにも見えるかもしれないが、太平洋地域では、「昔と比べて人びとの体が小さくなった」と語られることが多い。発掘された古人骨と現在の人びとの体格とを比較すれば、この語りの真偽は判断できるだろうが、今のところ、統計的な分析ができるほどのサンプルが集まっていない。むしろここでは、この語りの真偽ではなく、この語りが発せられることになった文化・社会的文脈のほうに注目してみたい。つまり、語りは正しいのかどうかではなく、あえてこのように語られる理由は何かという問いである。

簡単に言えば、肥満と小さい体という一見矛盾する語りから、食が西洋化しつつあることに対する危機感を読み取ることができるということである。

肥満という健康問題を契機に太平洋世界においても伝統食が大きく見直されていることは、先にふれた。たとえば、ツバルの小学校では、毎週金曜日のお弁当は、ココナツ、タロイモ、周囲の海からとれた魚などの伝統食のみにすると定められた。また、伝統食は肥満や糖尿病の防止につながるとうたったポスターが貼られ、医師や看護師のなかには、こうした食べ物を積極的に勧める人も多い。さらに、お米などの輸入食だけを食べている者は「体が弱くなる」と揶揄され、ココナツやタロイモなどの伝統的な食材を多く食べていることを、自らの、あるいは祖先の「体の強さ」の証拠として説明する。

伝統食の見直しは、西洋近代的な意味での健康を目指す動きというだけのものではない。再びローカルな身体を取り戻そうとする、地域の土地・身体・食物と健康との関係を再確認する動きでもあるといえる。ローカルな食は健康食であるのみならず、土地のものを食べる人びとという、世界の「身土不二《しんどふじ》」化の動向（コラム5参照）とも重なる、ローカルな社会に生きる人びとのアイデンティティに連なる問題なのである。

5　地球環境の変化と私たちの暮らし

人間と自然とは相互に影響を与え合ってきた。しかし、近年ではそのバランスが崩れつつある。人間による影響が過剰になりすぎた結果、しっぺ返しのように気候変動という問題が生まれてしまったのである。さらに、近年のグローバル化の進展により、ある場所の自然環境の変化が、遠く離れた場所に住む人びとの活動に影響を与えている。自然と人間との相互行為は一つの社会に閉じたものではなくなり、グローバル化という広い文脈のなかで捉える必要が、以前にも増して大きくなった。

気候変動は、地域の自然条件以外に、社会的条件が地方ごとに異なる影響をもたらすことを示している。たとえば、太平洋諸国では、独立以降、首都に人口が集中するとともに、そこでのインフラが整えられ、諸外国からの輸入食品の受入れの拠点となってきた。一方、首都から遠く離れた離島部では、インフラや物流が未整備のままになっているケースが多い。依然として自給自足的な経済が根強く残っているこうした離島部こそが、気候変動への影響を最も深刻に受けるのである。現在、見直しが進められているローカルな食は、こうした離島部ではまだ顕在であるが、このローカルらしさが気候変動によって大きく変化することも考えられる。そうした意味でも、太平洋の離島部の人びとにとって気候変動は死活問題であるといえよう。

日本もまた、太平洋の島国の一つである。そうであるならば、南太平洋で起きていることは、将来、私たち自身の問題にならないとも限らない。

【参考文献】

（1）ポチエ、ヨハン『食糧確保の人類学――フード・セキュリティ』（山内彰・西川隆訳）法政大学出版局、2003

（2）征木翔『平成コメ騒動覚書』データハウス、2001

坂本勉『農と生命の視点』ぶんりき文庫、1994

石川武男（編）『検証　平成コメ凶作』家の光協会、1994

（3）IPCC, 2007, "Summary for Policymakers." M.L. Parry, O.F. Canziani, J.P. Palutikof, P.J. van der Linden and C.E. Hanson eds., *Climate Change, 2007, Impacts, Adaptation and Vulnerability. Contribution of Working Group II to the Fourth Assessment Report of the Intergovernmental Panel on Climate Change.* Cambridge: University Press, pp. 7-22.

（4）中村純子「食文化からみたヌメアの人びとの暮らし」『南太平洋を知るための58章』明石書店、2010

（5）倉田誠「日本でも手に入る「ポリネシアの伝統的秘薬」――ノニ・ジュース」『南太平洋を知るための58章』明石書店、2010

（6）井上昭洋「食生活の近代化と伝統的身体観・健康観の変容――トンガ健康減量大会の事例研究」『北海道大学文学研究科紀要』１０５、2001, pp.1-49.

Column 9

フィジーの亀肉料理、ヴォヌコヴ

河合　利光

南太平洋の先住フィジー人の間では、亀肉は今もよく食べられている日常食である。それには貴重なタンパク源という以上の意味があり、イカ・ブラ（生命力に富む魚の意味）と呼ばれて神聖視されている。

亀は海に棲みながら、陸に上がって呼吸する生命力（ブラ）の強い動物とみなされている。また、硬い甲羅を持つ動物であるから「強い」と見なされる。そのため、たとえば、首長の就任式のような大きな儀礼の機会に、亀は首長に捧げられる。亀肉は料理して食べられるが、火を通すと長持ちするので、保存食としても、重要と考えられた。

この料理（ヴォヌコヴ、写真参照）は今も受け継がれ、学校でも小学校低学年の家庭科の時間に教えられている。ただし、その場合の食材は亀肉でなく牛の内臓、コンビーフ、マトンなどで代用されている。ちなみに、料理に使う葉の2枚とか8枚という数字は、薬の調合に使う葉の数と同じで聖数である。

フィジーには、もともと牛も羊もいなかった。牛は、20世紀初頭に外国から導入されたといわれるが、今では先住フィジー人の間では、儀礼で分配される肉としてすっかり定着した。たとえば、葬式が終わって100日目に、牛を一頭解体して、葬式に協力してくれた人びとに分配するが、これをブルマカウ（ブルもカウも英語の借用語）と呼んでいる。

料理方法は亀料理と同じで、内臓も洗って食用にする。コンビーフやマトンを使うこともあり、その料理をブルマカウ・コヴと呼ぶ。神聖な亀のイメージは、牛肉やマトンの料理を通して、受け継がれているようだ。

○材料（3人分）
タロ芋の葉8枚、亀肉のスライス、玉葱2個、塩少々、ガーリック1個、生姜1個

○調理法

①タロ芋の葉を一枚広げ、そこに塩をふる。その上に2枚目の葉を置き、塩をふる。同様にして8枚の葉を順に重ねる。

②重ねた葉の上に亀肉を並べる。

③葱、ガーリック、生姜を加え、葉で包み紐（乾燥させた細いパンダヌスの葉）で縛る。それをプラスチックバッグに入れて、さらに紐で縛り、水で満たした鍋に入れる。

④水を付け足しながら焚火で一昼夜煮込む。

フィジーの保存食、ヴォヌコヴ（バティキ島にて）

3 豊かな暮らしを求めて――イタリアのスローフードに学ぶ

宇田川　妙子

1　変化する現代の食事情

近年、食といえば、安心・安全、健康、さらには本物などという言葉とともに語られることが多くなってきた。その背景には、遺伝子組み換え作物などのバイオテクノロジー食品、BSEや鳥インフルエンザなどの食品にかかわる病気や農薬などによる汚染、そして食習慣に関しても肥満症や拒食症、過剰な健康・ダイエットブームなどの問題が深刻化しつつあるという現状がある。食の問題とは、歴史的にみれば、長い間、不足・飢えをめぐるものであった。豊かな国々においてさえ、その充足や過剰が言われるようになったのはそれほど昔のことではないが、充足が達成されるや否や、その内容や質が問われるようになった。むしろ充足を急いだがゆえに、新たな問題が生じたともいえる(1)。

そのため最近では、食のあり方を見直そうとする動きが目立つようになっている。オーガニック、地産地消、フードマイレージ、食育などの言葉の普及もその一つだが、なかでもスローフードは日本でもよく知られている。「スローフード」とは、マクドナルドなどのファストフードに対置されてつくられた語であり、「ファスト」すなわち、いわゆる工業生産的で、効率的かつ画一的で環境破壊的な食のあり方を反省して、「スロー」すなわち、より自然と調和し、多様な文化を尊重して豊かな生活につながるような食をめざしている運動である。したがって彼らの問題関心は、食事の場だけでなく、いわゆる伝統的な食や生産者の保護に積極的な援助を行なうなど、さまざまな活動を繰り広げている。

ところで、スローフードは今では世界各地にネットワークが広がり、日本にも支部がつくられメディアでも頻繁に取り上げられるようになっているが、この運動の発祥地がイタリアのブラという小さな町であったことはあまり知られていないかもしれない。しかし、なぜイタリアなのか。

2 スローフード運動

(1) イタリアに始まるスローフード

イタリアは、しばしば豊かな食を楽しむ「食の国」といわれる。もちろん、食に関する運動が起きているのはイタリアだけではないし、「食の国」イタリアでも他の国々と同じような食問題が生じている。ただし、小さな町の運動が今や世界規模に発展していることを考えると、やはりその背後にはイタリアの食のあり方の特徴が、何らかの形で関連していると見ることもできるのではないか。

スローフードは、協会の公式ホームページによると、[2]二〇一一年の時点で会員数はイタリアで約三万五〇〇〇人、国外一三〇か国で約六万五〇〇〇人、支部はイタリア国内に四一〇か所、国外に六〇〇か所を抱えるまでになっているが、その出発点は、先に述べたようにイタリアの小さな町であった。

ブラはイタリア北部のピエモンテ州に位置し、もともとワイン生産を中心とする農業や皮産業を主な生業としていた。しかし一九七〇年代、後者はほぼ消滅し、前者は大量生産型の商品に取って代わられ、町は大きな転換点に立たされていた。そんななか、地域再興の手段として地元産ワインの復興や流通促進の活動を始めたのが、後にスローフード協会の会長となるカルロ・ペトリーニと仲間たちだった。食と地域の密接なかかわりを尊重し再生していくという彼らの活動は、すぐにイタリアをはじめ世界的にも大きな注目を集めた。そして一九八六年、ローマでマクドナルドのイタリア第一号店開店に対する抗議運動が起きた際、彼らはあらためてスローフードという言葉を自分たちの理念を代表する言葉として採用し、スローフード協会を立ち上げた。一九八九年には、その理念をまとめた「スローフード宣言」がパリで採択され、国際的な活動も本格化した。

以降、彼らの活動は名実ともに大きく成長し、現在では、①味覚の教育、②食の伝統的生産と生物学的多様性の保護、③新たな食モデルの推進と国際的な意見交換の場づくり、という三つの柱を指針としながら、各地でさまざまな規模と種類の活動を行なっている。具体的には、雑誌『スロー』などの出版事業、「味覚の週間」と呼ばれる味覚教育プロジェクト、「味の箱舟」「プレシディオ（イタリア語で防衛隊の意）」等と名づけられた伝統的な食の保護プロジェクト、各地の郷土色豊かな食を一堂に集めた品評会「食のサロン」、生産者たちの意見交換の場として企画されたフォーラム「テラ・マードレ（母なる大地）」の開催などである。二〇〇五年には、食に関する総合的な視野と新たな食モデルをつくりあげていくための研究教育機関として「食科学大学」（大学院修士課程のみ）もブラ近郊のポレッンツォなどに開校した。

写真１　ローマのスペイン広場脇に作られたイタリアのマクドナルド１号店。周囲の景観を壊さないよう、赤と黄色のロゴマークなどは取りやめた（1996年撮影）

ここではそれらの詳細は省く（スローフードの紹介はすでに日本語でも出版されているので、そちらも参考にしてほしい）[3]が、こうしてみると、スローフードの活動は多岐にわたるものの、基本的には、当初から地域振興という課題と結びついており、きわめて社会的・政治的な運動であることがわかる。日本では、スローといえばスローライフという言葉のほうが定着しているせいか、ライフスタイルの一つという個々人の私的な選択の問題としてイメージされる傾向がある。しかし、発祥の地イタリアでは、その関心はもともと食品の生産や流通の場にまで広がっており、食を通して社会全体、さらには世界全体を考え直していこうとする姿勢が色濃い。

実際、イタリアでスローフードについてたずねると、しばしば「あれは政治的なもの」という答えが返ってきた。たとえば、①の指針に基づくワインの試飲などの味覚教育は、一見、美食の勧めか味覚基準の押しつけのように思われがちだが、その目的は、現代生活のなかで画一的な食に馴らされ衰えがちな味覚を磨き、さまざまな食に興味をもってもらうことにある。各地で育まれる豊かな食も、その旨さを味わえる者がいなければ、衰退・消滅してしまうからである。そして、そうした旨いものを食べ続けていくためには、生産や流通にも十分な関心を払う必要があると、スローフード運動は主張するのである。

（2）「共生産者」のコミュニティをめざす

この姿勢は、協会の初代会長にして理念的にも最大の牽引役であるペトリーニの「共生産者」という言葉に、端的に示されている。スローフードの運動はもともと、食を楽しむ者、すなわち、生産・加工・調理された食を食べる消費者の側から生まれた。しかしペトリーニは、消費者、さらには料理人や販売者など食にかかわるすべての者が、間接的であっても食の生産につながる「共生産者」としての意識をもつべきだと言う。「『消費』は生産プロセスの最終地点と考えられるべきで、決して生産プロセスの外にあるものではない」[4]。

実際、スローフードの活動は、先述のプロジェクト「プレシディオ」のように、生産現場の支援に関するものが年々増えている。そして二〇〇四年には、それまでの活動ネットワークを利用して、世界各地の農民、漁師、遊牧民、職人など、食にかかわりのある人びとを一三〇か国から約五〇〇〇人、イタリアのトリノ（ピエモンテ州都）に集めた。「テラ・マードレ」すなわち「母なる大地」と名づけられたこのフォーラムは、生産者たちがお互い同士のみならず消費者や料理人たちとコミュニケーションを図ることによって、「共生産者」たちの「食のコミュニティ」を形成・醸成しようとする試みであった。これこそ③でいう「新たな食モデル」に向けたプロセスの一つである。以降、「テラ・マードレ」は協会の最重要イベントの一つとして位置づけられ、隔年の開催が続いている。

（3）地域性と多様性の重視

また、こうした「食のコミュニティ」という考え方は、食の多様性や地域性を尊重していこうとする姿勢にもつながっている。現在の食をめぐる状況は、ますます世界的な規模で効率化や迅速化が求められ、生産や加工などにかかわる知識が専門化・技術化するとともに、規格化・画一化が進んでいる。たとえばマクドナルドのハンバーガーは、形も味も基本的に世界共通であり、だからこそ効率的で、成功につながったわけだが、その一方で、消費者には食材の産地や製造方法などについてはほとんど知らされていないし、関心ももたれていない。また、第二次世界大戦後、世界的な飢餓問題を解決すべく行なわれた「緑の革命」は、高収量品種の改良や肥料などの大量使用によって確かに食料の増産をもたらしたが、生態系の破壊が深刻化し、都市民と農民などの格差は拡大し、さらには各地で蓄積されていた固有の知識や文化も消滅していった。

そもそも食とは、それぞれの地域の環境や人の生活に合わせて長い間培われてきた知識とともに生産・加工され食されてきたはずである。ゆえにそうした食の地域性・多様性の消滅は、環境や人びとの健康をはじめ社会文化的な側面においても、さまざまなゆがみや損失を引き起こさざるをえなかった。

近年ではそれらの反省から、周知のとおり、「持続可能性」や「生物多様性」という理念が重視されるようになっている。スローフードでも、特に②の指針がこの問題に対応している。なかでも、伝統的食品や生産者の保護・支援を行なう「プレシディオ」プロジェクトでは、これまで、イタリア国内ではチーズやソーセージなど一九三件、国外四二か国でも九四件の食品を保護・支援の対象にしてきた。その支援認定の際には、食材が地域に根差した技術や歴史を有しているだけでなく、その地元に保護活動を担う生産者（特に小規模生産者）が存在することも重要な要件になっている。そこには、「食は地域に根づくべきもの」という彼らの基本姿勢が強くうかがえる。

また、今や協会は世界的な展開を見せ、世界スローフード協会という国際レベルの組織ができているが、各プロジェクトの実質的な活動は、それぞれの地域に根ざした支部のイニシアチブに基づいていることも付け加えておこう。スローフードでは、組織の運営に関しても、地域の固有性に合わせた多様性が尊重されているのである。

3　食へのこだわり

（1）食の喜びという理念

ところで、このように食の現状に対する批判を通して社会のあり方を変えていこうとする動きはほかにもある。過度にグローバル化した食品流通のあり方を見直そうとする運動としては、各食品の流通距離を可視化しようとするフードマイレージの取り組みが知られている。地産地消やファーマーズマーケットなどは、消費者と生産者の関係を密にしながら食を通して地域社会を活性化させようとする動きであり、スローフードの問題関心と非常に近い。化学肥料や殺虫剤を使わない有機農業も、持続可能的な環境や社会をつくる方法の一つである。また、食品に限るわけではないが、主として発展途上国の産品をめぐる貿易の不均衡を是正し、生産地の支援を進めようとしているフェアトレード運動も、その活動の実態や理念はスローフードと重なる。

しかしながらスローフードには、これらと比べても、あるユニークな特徴がある。それは、長年この運動を見てきたアンドリューズが指摘しているように[5]、「食の喜び」という理念である。スローフードは、たしかに食の多様性・地域性、持続可能性、エコロジー、倫理、人権など、他の反グローバル的な運動とも問題関心を共有し

写真2　ローマ近郊の町の八百屋。とくに野菜などの生鮮食品は、小規模な小売店での購入が一般的（1996年撮影）

写真3　ローマ近郊の町の市場。町によっては曜日が決まっているところもあるが、その場合もたいていは午前中のみ（1997年撮影）

ているが、そうした政治的理念が運動の中心をなしているのではなく、食の喜び・旨さこそを、基本的な動力源および目的としているのである。

食の喜びとは、一見、贅沢で娯楽的、またはエリート主義的な望みであって、政治的な運動（特に左派的なそれ）とは相容れないように思われる。実際、ペトリーニにも、スローフード運動を本格的に開始する前、当時の共産党系組織のパーティで出された食事がまずかったので改善を求めた際、逆に、政治意識が低いと非難された経験があると言う。しかし、ペトリーニにとって食の喜びとは、食べる側だけの問題ではなく、先に述べたように生産・加工・流通の場まで含めた「食のコミュニティ」全体にかかわるものである。

また、主観的な食の喜びや旨さは、互いにわかり合えない独善的な感覚のようだが、むしろ主観的だからこそ、互いに異なり、そこに多様な旨さが生まれ、私たちはその主観を互いに尊重しさえすれば、より多様な旨さに出会えるという喜びを得られるというペトリーニの主張は興味深い。スローフード運動が考える「食のコミュニティ」とは、そうした多様な食が互いを尊重しながら出会う場でもあるのである。

スローフードは、旨いものを食べる喜びという、個々人の主観に訴えてきた運動だったからこそ、これほどまでに多様な立場や意見の人びとの関心を集め、巻き込んできたとも言えるのではないだろうか。

（2）イタリアと食

一方、こうした食の喜び・旨さへのこだわりとは、実はイタリア社会の特徴の一つであると指摘する者は少なくない。イタリアといえば「食の国」という評判は、今や世界的に広がっている。イタリア人自身も、自分たちの食は「旨くて健康に良く自然（*buono, sano, genuino*）」だと誇らしげに語る。

ただし、イタリアも現代的な食問題と無縁ではない。[6] スローフードの象徴的な敵役マクドナルドも、少ないとはいえ都市部を中心に店舗を増やしているし、インスタントやレトルト食品も食卓に進出し、食品添加物や遺伝子組み換え食品の問題もかまびすしい。さらにイタリアは、意外にも食品自給率が低く、「旨くて健康に良く自然」な食品が実は輸入品であることも多い。二〇〇七年の試算によれば、カロリーベースの総合自給率は六八％で、他のヨーロッパ諸国では、フランス一一一％、ドイツ八〇％、スペイン八二％であった（ちなみに日本は四〇％）。小規模な農家は廃業し、販売に関しても小規模な小売店から大規模で安価なスーパーマーケットへと移行し、いわゆる伝統的な食品の生産、加工、調理の技術や知識は、イタリアでも衰退しつつある。

しかし、それでもイタリアでは、スローフードだけでなく有機農業も盛んでヨーロッパ最大の有機栽培面積を誇っているなど、より良い食への関心は高く、さまざまな活動が出現している。[7] 最近はアグリツーリズムという観光と結びついた農業経営が盛んになり、民宿を兼ねた小規模農家が宿泊客に農業体験や地元の食材で作った伝統的料理を提供したりするなどの観光プランが人気を呼んでいるが、それらも伝統的な食の保護に一役買っている。また二〇〇一年には、イタリア南部のプリア州に位置するアルタムーラという町に出店したマクドナルドが、近くに開店したフォッカッチャ（地元産のパン）屋に客を取られて一年後に閉店し、話題になった。二〇〇八年にはそれを題材に『フォカッチャ・ブルース』という映画も制作された。[8] これも、イタリアでは現在でも地元の食へのこだわりが強いことを示す一例だろう。

写真4　ローマの近郊の町、家族総出でブドウの収穫とワイン作りを行う（1996年撮影）

では、さまざまな食問題を抱えつつも旨い食にこだわり続け、こうした運動が随所で起こっているイタリアの食とは、そもそもいったいどんなものなのだろうか。

4 食事と日常生活

イタリアが「食の国」といわれる所以は、食の旨さだけでなく、彼らが食を楽しんでいる様子にもある。しかもその楽しみには、味だけでなく、みなで一緒に食べること、も含まれている。たとえば、家族が母親（マンマ）を中心に会食している様子は、イタリアに関して最も流布しているイメージの一つだが、彼らは友人や地域の人たちとも頻繁に食事を共にしている。もちろん、共に食べる機会は、どの社会文化でもとくに祝祭や儀礼の際などさまざまな形で設けられているが、イタリアでは日頃から、誰かと一緒に食べることをより重視していると考えられるのである。

次に、その点に注目しながら、彼らの日常的な一日の食事を紹介してみよう。なお、私は一九八六年以降現在に至るまでローマ近郊の町（以下、R町）での調査を中心に断続的にイタリアを訪れており、以下の記述はそこでの経験をもとにしている。(9)

（1）個食が基本の朝食

現在、イタリアでも一日の食事の基本形は、朝食・昼食・夕食の三食だが、そのうち朝食は非常に簡素であり、実は食事とは言い難い実態もある。

彼らは通常、起き抜けにはエスプレッソコーヒーを飲むだけで、ほかに食事らしいものはせずに一日の活動を始めてしまう。したがって彼らのいう朝食とは、その後、一〇時くらいにカップッチーノやカフェラテなどの飲み物と一緒に菓子パンやクッキーなどを食べることを指す。しかしその量は少ないし、たいていは出来合いのものを短時間で食すにすぎない。

そのため朝食は一人でとる場合が多く、たとえば主婦であれば家事の合間に家で簡単に済ませてしまう。一方、仕事をしている者は、同僚などと一緒に仕事場近くのバールに出かけて朝食をとることもあるが、その場合も食事を楽しむという風情はなく、主眼は同僚などとのおしゃべりである。バール（*bar*）とは、イタリアのどこにでもある、いわばカウンター形式の喫茶店（コーヒー類が中心だがアルコール類も）である。午前中はブリオッシュ（菓子パンの一種）やサンドイッチなども売られ、朝食の場としても利用されるが、通常は、コーヒーやアルコールを飲みながらおしゃべりをする（主に男性たちの）社交の場である。また、子どもたちはたいてい登校前に牛乳とクッキーやシリアルなどで軽い朝食をとる。しかしながら同時に、学校に「おやつ（*merenda*）」と称して菓子パンや果物などを持っていき、休み時間にやはり一人で食している。

つまり彼らの朝食は、その場所や内容はさまざまだが、基本的には一人で食べるものである。しかも、そこで食されるものは、ほとんどが出来合いのもので、朝食用にあらためて調理されることはないし、その味などについて熱心に語られることもない。彼ら自身、朝食は「空腹をいやすため」「健康のため」と、しばしば言う。その意味では、朝食は、食事というより単なる食物摂取とみなされていると言ったほうがよいかもしれない。

（2）昼食は家族で

こうした朝食に対して、質量ともに豊かで、皆で一緒に時間をかけながら食べる食事といえば昼食である。午後一時過ぎ、イタリアではどこの家庭でも家族が集まって昼食が始まる。たいていの職場では就業時間中に三〜四時間ほどの昼休みが組み込まれており、昼食は帰宅して家族と一緒に食べるという習慣が浸透しているためだ。

昼食は、多くの場合、パスタやスープなどの「第一皿（*primo piatto*）」で始まり、次に肉または魚料理に野菜などの付け合せを添えた「第二皿（*secondo piatto*）」をパンとワインといっしょに食べるという形式になっている。この二品は、イタリアにおける正餐の基本形である。どちらかが省略されることもあるが、逆に、前菜としてチーズやハムなどが出たり、食後に果物やケーキなどを食したりすることも少なくない。昼食の準備は、主に各家庭の女性たちの仕事である。パスタ料理のソース作りなど、時間のかかるものも多いため、昼食作りは女性たちの午前中の仕事のかなりの部分を占めるが、インスタントやレトルトなどに頼ることは好まれない。外で仕事をしている女性たちも、合間に買い物に行ったり、親戚や近所の人に下ごしらえを頼んだりして、手作りの食事を用意しようと工夫する。

もっとも、最近では職場の昼休み時間が少しずつ短くなり、小中学校においては給食が浸透するようになったため、家族全員が集まるスタイルは揺らぎつつある。特に都市部では、昼に帰宅せずに仕事場近くのバールなどでパニーニ（イタリア版サンドウィッチ）などを購入して、簡単に昼食を済ませてしまう者も出てきた。しかし、そうした家庭では、たいてい夕食が家族の集まる場になり、そこではやはり上記のような正餐形式の食事がなされている。そもそも、昼食を意味するイタリア語のプランゾ（*pranzo*）は、一義的には「正式な食事」を意味しており、食事時間によって規定される言葉ではない。

また、日曜祝日になると、結婚して家を出た子どもたちも家族連れで親の家を訪れて昼食を共にするという習慣がある。R町でも、日曜日にはほかの町からやってきた子どもたちとともに、十数人の大家族が食卓を囲んでいる光景をあちこちで目にした。その食卓は週日の昼食以上に豪華で、しばしば「第一皿」および「第二皿」も複数の品が用意される。天気がよければ、近親の誰かの所有する農園に集まり、屋外にテーブルを出して会食を楽しみ、その後もおしゃべりをしながら一日を過ごしたりする。こうした日曜ごとの共食習慣が、家族全員がマンマを中心に食卓に集まるというイタリアのイメージの由来になっていることは、間違いない。

（3）社交の場としての夕食

しかしながら、彼らはいつも家族と食事を共にしているわけではなく、実は友人たちとの会食も大切にしている。その機会の一つが、夕食である。

イタリアでは、日本と違って、仕事帰りに仕事仲間と飲食することはなく、そのまま帰宅する人がほとんどである。このため、夕食は家族で食する場合もあるが、特に男性たちは、帰宅後夕食の前に再び外出し、家の近くの広場のバールなどで界隈の友人たちとおしゃべりをして楽しむことが少なくない。どこの町の広場や通りでも、夕方暗くなってくると、仕事から帰ってきた男たちが三々五々集まってくる。そして彼らは、その足で連れ立って広場の周辺にある居酒屋（*osteria*）などに入り、そこで夕食を済ませてしまうのである。女性たちも、特に子どもが大きくなって手がかからなくなってくると、時折、誰かの家に集まってピザを焼いたりして会食することもある。

写真５　ブドウの収穫とワイン作りを終えて、家族や友人たちと夕食を囲む（1996年撮影）

そもそも夕食の献立は、たとえ家族で食する場合も、昼食の残りや、ハム、チーズ、卵などを利用した簡単なものである。正餐形式もとられず、なかでもパスタ料理は、レストランなどならいざ知らず、家庭の夕食に上ることはほとんどない。パスタは、ソース作りのための煮込みなど、その調理に手間と時間がかかるが、夕食で食されるのは、肉などの焼き料理やハムなどの保存食品などのように短時間で調理できる料理が中心なのである。

その意味では、イタリアの食としてもう一つ有名なピザが、主として夕食に食されることは興味深いだろう。ピザはパスタと同様に小麦粉の生地を用いるが、茹でる料理ではなく焼く料理である。イタリアでは、ピッツェリア（ピザ屋）は夕方のみの営業という店が多いように、夕方、友人たちと連れ立ってピザを食するというスタイルが浸透している。パスタは家族で、ピザは友人と、と言えるかもしれない。

また、たしかに夕食は簡単だが、朝食と違ってその内容に関する関心は小さくないことにも注意したい。居酒屋で夕食をとる場合も、そこで出される地元産のワインやハムなどの出来や味についてはどの人もうるさいし、何かの折においしい肉や珍しい食べ物を手に入れたりすると、夕方、友人たちと誰かの農場に集まって会食をしながら、食談義に花を咲かせたりする。なお、後者のような農場での会食の場合、男たちだけの集まりになることが多いが、その際には彼らも調理をするし、その腕前もなかなかのものだ。一見、簡単な食事のように見える夕食も、彼らにとっては家族以外の友人たちと共食する重要な機会であり、その内容へのこだわりも決して小さくないのである。

5　共に食べ、共に食を語る

(1) 食と社会関係

さてこうしてみると、イタリアでは日常的に、特に昼食と夕食の場でさまざまな人と食を楽しんでいる様子が浮かび上がってくるだろう。しかも、昼食では家族とパスタなどを含めた正餐形式で食べ、夕食では友人と簡単な焼き料理などを食べるという具合に、それぞれの場で展開される社会関係も食事の内容も異なっている。

イタリアでは家族との付き合いが重要なことはよく知られているが、実は、友人との付き合いにも非常に大きな意味がある。しばしばコネ社会ともいわれるように、幅広い友人関係をもつことは、職探しを始めとして何をするにしろ必要不可欠である。このことを考えれば、以上のような彼らの一日の食事には、そうした彼らの生活が反映されているとも言い換えられる。

食がさまざまな社会関係のシンボルとして機能していることは、これまで文化人類学でも多様な社会文化について研究が重ねられてきた。なかでもレヴィ＝ストロースは、煮る料理は一般的に屋内で家族と食べることが多く、焼く料理は、たとえばバーベキューのように、家の外で友人たちとの会食の際に食される傾向があると考察した[10]ことはよく知られている。料理する人に関しても、前者の煮る料理は女性が主だが、後者の焼く料理は男性も調理することが少なくないと述べており、彼のこの議論が、イタリアの昼食と夕食の対比にも当てはまることは面白い。いずれにせよ、イタリアでも食は彼らの生活に深く浸透し、さまざまな場面で多様な社会関係を表現する道具として積極的に使われているのである。

写真6　ローマの近郊の町のバール。マスターは、町の男性たちの社交の中心でもある（1996年撮影）

（2）食は共生

また、確かに彼らの食すべてが何らかの社会関係を表わしているわけではなく、たとえば朝食は、すでに述べたように、基本的に一人の食事である。ただし、この朝食のあり方は、彼らにとって意味のある食事とは、誰かと一緒の食事であることを示しているとも考えられる。すなわち食事は、誰かと一緒に食べるからこそ、意味のあるものとみなされているのである。実際、逆に誰かと一緒でないと食事とみなされないせいか、イタリアでは一人で気軽に食事ができるレストランなどが少なく、一人旅の観光客や、最近増えてきた一人暮らしの者にとっても不便であると訴える人は少なくない。

イタリアの高名な食研究者モンタナーリは、こうしたイタリアの食の社会性の高さに言及しながら、イタリア語にはコンヴィヴィオ（*convivio*）という語があるという興味深い指摘をしている。[11] これは「宴席・饗宴」を意味する言葉だが、その「*con*（共に）＋*vivio*（生きる・生活する）」という語の成り立ちには「食は共生である」という考え方が凝縮されていると言う。ちなみにこの語のラテン語形のコンヴィヴィウム（*convivium*）は、スローフード協会の国外支部の名称としても用いられている。

そしてさらに注目すべきは、イタリアでは共に食べるだけでなく、共に食について語ることも非常に好まれている点である。たとえば最近、『イタリア人は何故、食べ物について話すのが好きなのか』というタイトルの書物が出版された。著者はすでに二〇年以上イタリアに住んでいるロシア人女性で、現在はミラノ大学で教授を務めているイタリア文学の研究者である。彼女はその冒頭で、ミラノで暮らし始めた頃、友人たちとの夕食の席で最近の映画や事件について話していると、彼らが何の前触れもなしにキノコの見事な調理法や知り合いのつくったすばらしいオリーブ油などについて話し始め、突然の話題転換についていけないことがよくあったと述べている。[12]

私も、R町を訪れるたびに、いわゆる美食家だけなく一般の人びとが、男女老若を問わず、日頃から食の話に興ずる様子にいまだに驚かされることが多い。彼らは、食卓だけでなく職場や路上、あるいは仕事などのシリアスな事柄が話されている席でも、食べ物に関する話を、私から見れば唐突だが彼らにとってはごく自然に、さしはさむ。その話題は、昨日食べた料理の内容や、知り合いから聞いたちょっと変わったレシピの吟味、今年のブドゥの出来具合、市場や店で購入した野菜の評判等々まで、とても幅広い。農業に携わっていない者ですら、ワインづくりの技術に関する会話を楽しんでいたりする。そしていつの間にか、みなが食べ物の話で盛り上がってしまうことも少なくない。

こうした食べ物談義が、彼らの食に対する関心の高さを示していることは明らかであろう。彼らは日常的に食べ物に関して盛んに情報交換をし、豊富な知識や考え方を培っているのである。そしてその際、料理や食品の出来上がりや味だけでなく、購入先や生産者や生産場所など、生産や加工、流通、調理などについても熱心に語っており、その様子は、ペトリーニのいう「共生産者」の姿勢にとても近いと言える。しかも、その会話のなかでは、誰がつくったのか、誰から購入したりもらったりしたのか、誰が調理したのか、誰から聞いたのか、誰と食事するのか等々、たいてい具体的な人の名前が言及されていることも興味深い。彼らは、生産・加工・流通に携わっている人びとを匿名的・抽象的に想定しているのではなく、身近な「顔の見える」相手として認識しているのである。

（3）イタリア型「地産地消」

実際、イタリアでは現在でも、近在の農家などが出店する市場（*mercato*）が、どの町や都市でも定期的に開かれており、スーパーよりも市場での買い物を好むなど、生産者が消費者と直接に接する機会は少なくない。R町でも毎週木曜日の午前中に開かれる市場には、あふれんばかりの買物客が集まってくる。彼らの多くは、市場や小売店では店の者に食品について尋ねることができるから安心だし、知りあいから購入するほうが信頼できると話していた。

さらには都会暮らしの者も、たいていは親戚や知り合いのなかに農地を持っている者がいるので、そこでつくられたワインや野菜などを分けてもらうだけでなく、日曜日などはそこで食事をするついでにブドウの収穫やソーセージづくりなどを手伝ったり、近くに山菜やキノコなどを取りに出かけたりしている。また、R町のように都市近郊の町になると、会社勤めの者であっても若干の畑を所有していることが多いため、自分や親戚のためにトマトやオリーブなどをつくっており、自家製の瓶詰トマトやオリーブ油などが食卓に並ぶことは珍しくない。

つまりイタリアにおいては、食の消費者は生産や流通とまったく切り離されてはおらず、一見農業と無縁な者も若干は生産にかかわっていたり、生産者を個人的に見知っていたりするなど、消費者と生産者たちとの距離は近いのである。もちろん、すべての食品が身近で作られているわけではない。その距離は流通がグローバル化する現在さらに広がりつつある。しかし彼らは、多少値段が高くとも、なるべくなら匿名的な食ではなく「顔の見える」固有名詞の付いた食のほうを好む。こうした彼らの食に対する態度が、スローフードの「食のコミュニティ」という発想に重なっていることは、もはや繰り返すまでもないだろう。

6　地域に根ざす食

(1) つくられた「イタリア料理」

ところで、これまで私は「イタリアの食」という言葉で彼らの食のあり方を紹介してきた。しかし、イタリアは地域的な差異の大きな社会であり、食に関しても一括りにはしがたい側面があることについてもふれておく必要がある。

そもそもイタリアのみならず「○○国の食・料理」という概念自体が、それほど長い歴史をもつわけではなく、近代以降の国民国家の成立、国民意識の高まりのなかで形づくられたものであることは近年の研究で明らかになっている。[13]

イタリアの場合も、一八六一年にイタリア王国が成立したが、古代ローマ帝国の崩壊以降、都市国家の乱立が長く続いたためか、人びとの国家への帰属意識は低く、王国成立時にはイタリア人というナショナル・アイデンティティの醸成が急務とされていた。その過程で、イタリア国旗の三色をモチーフにして当時の王妃の名前をつけた「ピッツァ・マルゲリータ」が評判を呼ぶなど、食がナショナリズムと結びつく現象が出始めてきた。

なかでも一八九一年、『料理の学とおいしく食べる技法』の出版は大きな反響を呼んだ。[14] これは、当時の人文主義者アルトゥージがイタリア各地の料理を収集・分類したレシピ集である。[15] この書はその後も増補、改訂、再版を繰り返し、イタリアの家庭には聖書と並んで一冊はあると言われるほど普及し、地域差のはなはだしかったイタリアの食の平均化をもたらしたという。特に、それまではナポリ地方の料理にすぎなかったトマトとパスタの組み合わせが、「イタリア料理」として認知され全国的に普及したのは、この書の功績であった。また、一九世紀末からのアメリカ等への移民という経験も重要な契機の一つだった。移民先で困難な生活を強いられた彼らは、食を相互扶助やアイデンティティの拠り所とするだけでなくレストランなどを開業して成功したが、それは、あらためて「イタリア料理」のイメージが具体化する過程でもあったのである。

写真７　現在も本屋で売られている『料理の学とおいしく食べる技法』（中央の小型の本。ローマ　1997年撮影）

現在世界的に流通している「イタリア料理」のイメージは、多くがこうしてつくりだされてきたものである。今やイタリア人自身も「イタリアの食は旨くて健康に良くて自然だ」と言うほど、食は彼らのアイデンティティに深く浸透し、さらには観光の目玉になるなどの実質的な機能を果たすようになっている。しかしその一方で、イタリア内部の地域的な食の多様性は消滅しているどころか、実はきわめて重要な意味と可能性をもっていることも、私たちは見逃してはならない。

（2）愛郷精神と食

実際、イタリアの地域的な相違は、彼ら自身が「イタリアにはイタリア人はいない。いるのはローマ人、ミラノ人、ナポリ人などだ」「イタリア人は四年に一回（ワールドカップの時）だけ出現する」などと言うように、現在でも食に限らず非常に大きく、しばしばカンパニリズモ（*campanilismo*）とも呼ばれている。これは、どの町でも中央の広場に建てられ、町のシンボルとなっている教会の鐘楼（カンパニーレ）に由来していることからもわかるように、自分の生まれ育った町に対する愛郷精神を意味する言葉である。

もちろんイタリアでも都市化が進み、小規模な町などではしばしば過疎化が進行している。しかし依然として自分の町への愛着は強く、都市に出た者たちも日曜日や休暇を利用して頻繁に戻ってくる。先に紹介した日曜日毎の昼食は、その重要な機会の一つである。また、広場が男性の社交の場になっていることもすでに述べたが、そのことから分かるように町の内部のつながりも比較的保たれている。女性たちも家事の合間を縫って近所の路地に集まり、いわゆる井戸端会議を頻繁に行なっている。そして、そうした友人関係の絆を形成・維持する装置の一つが夕食であることも先に指摘した。すなわち、広場や路地などという住人が集まる場所が現在でも機能しており、住人たちの紐帯を再生産しているのである。

だとすれば、こうした地域コミュニティの存続が、先節で述べたような食をめぐる生産者・消費者たちのつながりを支えていることは明らかだろう。しかも食こそが、その地域のつながりを維持し再生産していく重要な装置の一つであることも浮かび上がってくる。彼らは、食を身近なネットワークのなかで生産して共に食するとともに、食を通して地域の絆を育んでいるのである。食は、彼らにとっては地域そのものでもあるのだ。

（3）食による地域振興

こうした食と地域の密接な関係は、近年の地域振興活動にも如実に見てとれる。スローフードの立ち上げのきっかけがブラの町おこしであったことは、その典型だが、最近では先に述べたアグリツーリズムをはじめとする地元の食品フェアや収穫祭などが各地で盛んに開催され、特に観光という観点から地域の食に注目する活動がブームになっている。たしかにその背後には、国や地方自治体、さらにはEUによる支援や法整備などの働きかけがある。ただし、そうした行政側の動きや、さらにはスローフードのような大規模な運動とも無関係に、自発的に町おこしの動きが生まれているところも多く、しかもその際、何よりもまず活用されるのは食である。

私が調査を続けているR町でも、ここ一〇年ほど同様の動きが活発になっている。R町はローマ近郊という土地柄、以前からベッドタウンとして新住民や移民が流入するとともに、人びとは職場だけでなく買い物や娯楽に関してもローマなどに出かけることが多くなっていた。その結果、町の活動は全般的に低調になり、小規模な商店は閉じ、町の中心部の空洞化現象も出始めていた。

このため現在、さまざまな団体が町に活気を取り戻そうと活動しイベントを繰り広げているが、なかでも評判が高いのは、やはり食にちなんだ「ポルチーニ祭り」と「ガレット祭り」である。ポルチーニとガレットとは、ともに味に定評のあるキノコで、R町の周囲の山林で採れる特産品である。いずれの祭りでも、それぞれの団体が町のレストランなどと協力して特別料理を安い値段で提供したり、キノコの即売会を開いたりするなどのイベントを行ない、近隣からの観光客も多数集めるようになっている。後者の祭りでは、キノコの生態や周囲の環境を学ぶためのハイキング企画も人気である。もちろんこれらは、スローフードのような積極的な生産者支援というよりも観光イベントにすぎないだろうが、それは一つには、R町ではすでに自家消費以外の農業に携わる者が激減しているという背景がある。ただし、羊の乳を使ってリコッタというフレッシュ・チーズを作る牧夫たちの技術を継承して、それを特産品にしようとする動きも出てきた。

さらにこれらのイベントは、町の外から見れば多様な食に出会う絶好の機会でもある。実際、近年ではイタリア中でさまざまな食のフェアなどが開催されるようになってきたため、特に秋の収穫期になると週末ごとに家族や友人連れで近隣の町々を訪れて地元の料理を堪能するという習慣も出てきた。R町の人びともこの時期、自分たちの祭りだけでなく他の町の祭りにもよく出かける。

自分の町や食に強い愛着をもつ彼らは、他の町や食についてはからかい口調で語ることも少なくない。しかし、もちろん旨い料理は好きだから、どの祭りやイベントでも食が絡むと集客力は上がる。それゆえ、いくつかの町が共同で祭りや食のフェアに関する観光パンフレットを作成するなど、多様さを戦略的にアピールすることも増えてきた。ここにも、食はそれぞれの土地に根づいているからこそ、さまざまな食を生み、多様性という喜びももたらしてくれるという、スローフード運動と同様の精神を見ることができるだろう。

7　未来の暮らしに向けた食の選択

食べるということは、誰もが行なっている行為である。しかし、一人で食べ物を生産から消費までまかなえる者は誰もいない。このことは、食を通して皆が直接であれ間接であれ否応なくつながっていることを意味している。食のあり方とは私たちの社会のあり方でもあるのだ。とするならば、私たちはこれからも、食べることを通して、どんな社会をつくろうとしているのだろうか。

イタリアでは、これまで述べてきたように、愛郷精神の強さに加えて食に対する関心や意識が高かったせいか、地域と食との結びつきを再生していこうとする動きが盛んになっている。そして今では、「スロー」の精神を食に限らず街づくり全般に生かして、小規模で地域の固有性を大切にした持続可能な街づくりをしようとする「スローシティ」という運動も生まれている。[16]

では、ひるがえって、私たちはどうなのか。食がますますグローバル化し画一化・匿名化している現在、私たちも、どんな食が自分たちにとって喜びなのかという食の原点に立ち戻って、今後の食と暮らしをもう一度考え直す時期に来ているに違いない。

【参考文献】

(1) Phillip, Lynne, 2006, Food and Globalization. *Annual Review of Anthropology*, pp.35-37.
(2) http://www.slowfood.com/
(3) ペトリーニ、カルロ『スローフード・バイブル』(中村浩子訳) 日本放送出版会、2002
島津奈津『スローフードな人生!――イタリアの食卓から始まる』新曜社、2000
島津奈津『スローな未来へ』小学館、2009
宇田川妙子「イタリアの食をめぐるいくつかの考察」『国立民族学博物館研究報告』33(1)、2008, pp.1-38.
(4) ペトリーニ、カルロ『スローフードの軌跡――おいしい、きれい、ただしい』(石田雅芳訳) 三修社、2009, p.210.
(5) Andrews, Geoff, 2008, *The Slow Food Story: Politics and Pleasure*, McGill-Queen's University Press.
(6) Conti, Paolo C. 2006, *La Leggenda del Buon Cibo Italiano*. Roma: FaziEditore.
(7) 日本貿易振興機構(ジェトロ)『イタリアの有機農産物の現状調査』2009, http://www.jetro.go.jp/jfile/report/07000022/0501662.pdf
(8) *Focaccia Blues*, 監督 Cirasola, Nico, 2009, イタリア
(9) 宇田川妙子「『スパゲッティ』とイタリア」『中部大学国際関係部紀要』9、1992, pp.43-61.

(10) レヴィ＝ストロース、クロード「料理の三角形」伊藤晃、西江雅之他訳『レヴィ＝ストロースの世界』みすず書房、1968
(11) Montanari, Massimo, 1991, *Nuovo Convivio: Storia e Cultura dei Piaceri della Tavola nell'Età Moderna*. Roma-Bari: Editori Laterza.
(12) Kostioukovitch, Elena, 2006, *Perchè agli Italiani Piace Parlare del Cibo*. Sperling & Kupfer Editori: Milano.
(13) Appadurai, Arjun, 1988, How to Make a National Cuisine: Cookbooks in Contemporary India. *Comparative Study of Society and History* 30, pp.3-24.
(14) カパッティ、アルベルト、マッシモ・モンタナーリ『食のイタリア文化史』（柴野均訳）岩波書店、2011
Helstosky, Carol, 2004, *Garlic and Oil: Politics and Food in Italy*. Oxford: Berg Publishers.; La Cecla, Franco, 1998, La Pasta e la Pizza. Bologna: Il Mulino.
(15) Artusi, Pellegrino, 1995, *La Sienza in Cucina e l'Arte di Mangiare Bene*. Torino: Eunaudi（初版 1891).
(16) http://www.cittaslow.net/

Column 10

ペルーの石焼料理、パチャマンカ

加藤　隆浩

パチャマンカは石焼料理。インカ帝国が栄えたアンデス地域のケチュア語でパチャは「大地」、マンカは「鍋」を意味する。文字通り、大地に深い大きな穴を掘り、それを鍋に見立てて焼いたその上で調理する地釜料理のことである。

地釜には、とれたてのジャガイモやトウモロコシ、ソラマメ、ハーブのタレに漬け込んだ羊や牛の肉などを入れる。それが豪華版の場合は、クイと呼ばれるテンジクネズミの肉とウミータ（トウモロコシをつぶして甘く味付けした団子）などが加わる。

パチャマンカを料理する日は、朝から家族総出である。汗だくになりながら火をくべること2時間。石は真っ赤な状態を通り越して少し白っぽく見える。

次の作業は焼けた石の移動だ。焼け石を地釜からとり出し、それを急いで積み上げる。焼いたばかりの石は集まると灼熱地獄のようだ。

それが終わると、様子をうかがっていた女性たちが、仕込みを終えた大粒の白いトウモロコシやジャガイモ、肉類を持ってくる。そして、女性たちはまず地釜の底に取り出したばかりの焼け石を敷く。その上に肉類を置き、その上から焼き石を少しかぶせる。その上にまたイモ類、ウミータ、トウモロコシと続き、最後にソラマメを入れる。

途中、焼き石を間に挟み、最後には石で蓋をして、全体をビニール・シートと土で覆い、高さ数10㎝ほどの山をつくる。これは、熱を逃がさないようにするための工夫である。美味しくでき上がるように祈願して、山の上には小枝でつくった十字架を建てる。

と、ここで遅い昼食が出る。朝から働きづめに働いて、もう日が暮れかかっている。朝から仕込んできたのはパチャマンカだ。しかし、それを目の前にして今食べているのは先ほど準備していたお昼ごはんだ。考えてみれば不思議である。食事をとりながら、別の食事の用意をしている。しかも、朝食から数えれば、1回の食事の準備に、その間2回も食事をとっている。これは、どういうことか。今か今かと待ってパチャマンカの蓋があいたのは、それから2時間後。皆で大笑いして食べた。家族が1つになった。

パチャマンカは今でこそペルーの国民的料理とされるが、その歴史は複雑であった。スペインの植民地化の過程で先住民の伝統料理（ワティア）からアシエンダ（大農場）のもてなし野外料理となり流行した。1960年代末のアシエンダの解体に伴いパチャマンカも衰退した。

しかし、後にコマーシャリズムの波に乗って復活し、ペルーの「国定文化遺産」に認定されるまでになった。パチャマンカは、ペルーのスローフードな暮らしを象徴する現代の食となったのである。

パチャマンカを料理する人びと
（フニン県マンタロ谷にて）

あとがき

本書の意図は、世界各地の食べ物そのものを紹介するというよりは、国際化の進む現代世界の食と食文化について、マクロとミクロの両面から考えることにあった。とりわけ、本書では、食の国際化・グローバル化の問題を、現地の具体的な情報に基づき、歴史的・社会文化的な背景から考える視点を重視した。そのような方法と見方は、国際理解を正確に進めるためにも重要である。同時に、現地において体験と交流を通して得た具体的かつ詳細なデータは、異なる社会文化を学び、国際理解とその問題の重要性への自覚を促すためにも欠かせないものでもある。

そのため、本書では、世界の各地で熱心にフィールドワークに取り組んできた若手の文化人類学者を中心に、フィールドでの経験を活かしながら執筆していただいた。編者の要請に快く応じていただいた執筆者の皆さんに、御礼申し上げたい。また、世界の多彩な食文化を紹介していただくために、大勢の方にコラムの執筆をお願いした。短くはあるが、本書の内容を豊かにする力作がそろったと思う。そのほかにも、内田紀彦氏（元園田学園女子大学教授・言語学）と福岡市在住の関谷恭子さんからは、貴重な写真を提供していただいた。

本書は、前著『食からの異文化理解―テーマ研究と実践』の続編ともいえるが、今回もそのときにお世話になったオフィス2の阿部進氏と久保田久代氏、および時潮社の相良智毅氏と相良景行氏のご厚意で刊行にこぎつけることができた。ここに記して、御礼申し上げたい。

二〇一一年一〇月

河合　利光

編　者：河合利光
東京都立大学大学院社会科学研究科博士課程修了。現在、園田学園女子大学人間教育学部教授。博士（社会人類学）。主な著書編著：『身体と形象』風響社 2001年、『生命観の社会人類学』風響社 2009年、『比較食文化論』（編著）建帛社 2000年、『オセアニアの現在』（編著）人文書院 2002年、『食からの異文化理解』（編著）時潮社 2006年、他。

執筆者
河合利光　編者参照
奥野克己　京都文教大学人間学部教授
松尾瑞穂　新潟国際情報大学情報文化学部講師
河合洋尚　国立民族学博物館機関研究員
吉本康子　国立民族学博物館外来研究員
石田慎一郎　首都大学東京人文学部准教授
小林　誠　首都大学東京大学院人文科学研究科博士後期課程在籍
宇田川妙子　国立民族学博物館准教授

コラム執筆者（本文執筆者以外）
大岩　碩（スリランカ）　スリランカ・サラバガレウ大学客員教授
浜口　尚（和歌山）　園田学園女子大学短期大学部教授
櫻田涼子（東南アジア）　京都大学文学研究科グローバルCOEプログラム研究員
比嘉理麻（沖縄）　筑波大学人文社会科学研究科博士課程在籍
加藤隆浩（ペルー）　南山大学外国語学部教授
塩路有子（イギリス）　阪南大学国際観光学部准教授
高　正子（韓国）　神戸大学非常勤講師

世界の食に学ぶ
国際化の比較食文化論

2011年11月25日 第1版第1刷　定　価＝2300円＋税
編著者　河　合　利　光　Ⓒ
企画編集　オ　フ　ィ　ス　2
発行人　相　良　景　行
発行所　㈲　時　潮　社
174-0063 東京都板橋区前野町 4-62-15
電 話 (03) 5915-9046
FAX (03) 5970-4030
郵便振替　00190-7-741179　時潮社
URL http://www.jichosha.jp
E-mail kikaku@jichosha.jp

印刷・相良整版印刷　製本・壷屋製本

乱丁本・落丁本はお取り替えします。
ISBN978-4-7888-0665-8